INTERMEDIATE READER

Joie de lire!

2

HOLT, RINEHART AND WINSTON

A Harcourt Education Company

Austin • Orlando • Chicago • New York • Toronto • London • San Diego

Contributing Writers

Séverine Champeny
Dana Chicchelly
Dianne Harwood

Front and Back Cover Photography credits: Student, HRW Photo/Sam Dudgeon; clouds, PhotoDisc - Digital Image copyright © 2003 PhotoDisc; fields, Corbis Images and HRW Photo/Helena Kolda; background, left to right: Azay-le-Rideau, Corbis Images; village, HRW Photo/Russell Dian; Château Frontenac, HRW Photo/Marty Granger/Edge Productions; red tiled village, Corbis Images; St. Paul's Cathedral, Chuck Cecil/Words & Pictures/PictureQuest; Eiffel Tower, HRW Photo/Pierre Capretz; Carousel Arch, HRW Photo/Russell Dian.

Acknowledgments :

For permission to reprint copyrighted material, grateful acknowledgment is made to the following sources:

Ambassade de Côte d'Ivoire: Lyrics and music of "L'Abidjanaise," the national anthem of the Republic of Côte d'Ivoire.

Editions du Seuil: "Que m'accompagnent kôras et balafong (chant IX)" from *Chants d'ombre* by Léopold Sedar Senghor. Copyright © 1964, 1973, 1979, 1984, 1990 by Editions du Seuil.

Editions Milan: From *En pleine lucarne* by Philippe Delerm. Copyright © 1998 by Editions Milan.

Editions Seghers: "La légende baoulé" from *Légendes et Poèmes* by Bernard Dadié. Copyright © 1966, 1973 by Editions Seghers.

Harcourt, Inc.: From *Le Petit Prince* by Antoine de Saint-Exupéry. Copyright 1943 by Harcourt, Inc.; copyright renewed © 1971 by Consuelo de Saint-Exupéry.

Les Editions Albert René: From *Astérix Gladiateur* by Goscinny. Illustrations by Uderzo. Copyright © 2002 by Editions Albert René, Goscinny, and Uderzo.

Les Editions du Boréal: From *Lettre à un Français qui veut émigrer au* Québec by Carl Dubuc. Copyright © 1968 by Les Editions du Boréal.

Les Nouvelles Editions Africaines du Sénégal: "Une si longue lettre" from *Une si longue lettre* Mariama B,. Copyright © 1987 by Les Nouvelles Editions Africaines du Sénégal.

Société d'Editions Musicales Internationales and Editions Patricia - Paris - France: Lyrics of "Le Plat pays" by Jacques Brel. Copyright © 1964 by Editions Patricia and Société d'Editions Musicales Internationales.

Universal Music Publishing: Lyrics from "Paris – Le Caire" from *Samra* by Nabil Khalidi and Faudel Belloua. Copyright © 2000 by Universal Music Publishing and Maquistador Ed.

Printed in the United States of America

ISBN 0-03-065627-3

13   018   09 08

To the Student

You might think that reading is a passive activity, but something mysterious happens as you read. The words on a page enter your mind and interact with whatever else happens to be there—your experiences, thoughts, memories, hopes, and fears. If a character says, "I had to run away. I had no choice," you might say, "Yeah, I know what that feels like." Another reader, however, may say, "What is he talking about? You always have a choice." We all make our own meaning depending on who we are. Here are some of the ways we do that:

1. **We connect with the text.** We might think, "This reminds me of something," or "I once did that."

2. **We ask questions**. We ask about unfamiliar words, or about what might happen next, or about a character's motivation.

3. **We make predictions.** We may not realize that we are making predictions as we read, but if we've ever been surprised by something in a story, that means we had predicted something else.

4. **We interpret.** We figure out what each part of a story means and how the parts work together to create meaning.

5. **We extend the text.** We extend the meaning of a story to the wider life around us, including actual life, films, and other stories.

6. **We challenge the text.** We might feel that a character is not realistic or that the plot is poor or that we don't like the writing.

Experienced readers develop reading skills that help them do all these things. As you read through **Joie de lire!** you will encounter many kinds of texts, from poetry, to plays, to short stories. Some of them you will be able to read right away; others will require more effort on your part. Each text comes with pre-reading strategies, during-reading questions, and post-reading activities. These will help you to decode the text more quickly, to better understand its meaning, and therefore to enjoy it more!

Table of Contents

Chapitre 1

Chapitre 2

Chapitre 3

Chapitre 4

Chapitre 5

Chapitre 6

Chapitre 7

Chapitre 8

Chapitre 9

Chapitre 10

Chapitre 11

Chapitre 12

Chapitre

1

Avant la lecture
Quelques Gaulois

Stratégie

Organiser les informations données dans un texte te permet de déterminer l'idée principale du texte et de trouver les détails importants. Les illustrations, les légendes, les titres et les sous-titres sont aussi des sources d'informations. Pour organiser les informations données dans un texte, tu peux utiliser un tableau, un graphique ou une chronologie.

Activités

A **Astérix et ses amis** Dans ce chapitre, tu vas faire la connaissance de cinq personnages de la bande dessinée[1], *Astérix le Gaulois.* Commence par observer les illustrations et essaie de deviner[2] la personnalité de chaque personnage. Note tes observations dans le tableau ci-dessous.

	Informations données par les illustrations
Astérix	
Obélix	
Panoramix	
Assurancetourix	
Abraracourcix	

Tu peux utiliser le vocabulaire ci-dessous pour décrire[3] les personnages.

un barde *type of poet*　　　**un guerrier** *warrior*
un sanglier *wild boar*　　　**un menhir** *tall stone monument*
une marmite *cauldron*　　　**une force surhumaine** *superhuman strength*
un druide *priest and healer with magic powers*

B **A toi** Un druide, un barde, des guerriers. . . quels livres ou films est-ce que tu as lus ou vus qui ont ces personnages? Dans quels pays et à quelle époque[4] est-ce que ces personnages vivaient?

----

1 comic strip　**2 essaie de deviner :** try to guess　**3** describe　**4** era, time period

Quelques Gaulois

A. Quand est-ce que la première histoire d'Astérix a été publiée?

B. Combien d'albums d'Astérix ont été publiés?

C. Comment s'appelle le chef Abraracourcix en anglais?

Astérix est un personnage de bande dessinée créé par le scénariste René Goscinny et le dessinateur Albert Uderzo. La première histoire d'Astérix a été publiée dans un hebdomadaire[1] le 29 octobre 1959. Astérix est devenu populaire très rapidement et ses créateurs ont décidé de raconter ses aventures dans des albums de bandes dessinées entièrement consacrés à ce héros gaulois et à la lutte[2] de son village contre les Romains. Il existe plus de trente et un albums d'Astérix à ce jour. Ils ont été traduits en 107 langues et dialectes, ce qui permet de chiffrer[3] à plus de 300 millions le nombre d'albums vendus dans le monde.

Dans la version française, le nom de chaque personnage est un jeu de mots[4]. Pour garder cet humour, les noms des personnages changent selon la langue de traduction. Par exemple, en anglais, le chef[5] Abraracourcix s'appelle *Vitalstatistix*. Assurancetourix, le barde qui chante très mal, s'appelle *Cacofonix*. Panoramix, le druide, s'appelle *Getafix* et le chien d'Obélix, Idéfix en français, s'appelle *Dogmatix* en anglais.

---

1 weekly magazine **2** fight **3** count **4 jeu de mots :** play on word, pun **5** chief

Les aventures d'Astérix se passent à l'époque gauloise. A cette époque, ce qui est aujourd'hui la France s'appelait **la Gaule.** Ses habitants, les Gaulois, étaient d'origine celtique. Au Ier siècle avant Jésus-Christ, les Romains ont annexé le sud de la Gaule, appelé *Provincia* (aujourd'hui, **la Provence**). De nombreuses batailles ont opposé les guerriers gaulois aux armées romaines, et petit à petit, les Romains ont envahi[1] toute la Gaule. En 52 avant Jésus-Christ, le chef gaulois Vercingétorix est battu par Jules César à la bataille d'Alésia. La Gaule est alors devenue une province romaine.

Toute la Gaule? Non! Le petit village d'Astérix, peuplé d'irréductibles[2] Gaulois, résiste toujours et rend la vie très très difficile à l'envahisseur. . .

Astérix, le héros de ces aventures. Petit guerrier à l'esprit malin[3], à l'intelligence vive[4], toutes les missions périlleuses lui sont confiées sans hésitation. Astérix tire sa force surhumaine de la potion magique du druide Panoramix...

Obélix est l'inséparable ami d'Astérix. Livreur[5] de menhirs de son état, grand amateur de[6] sangliers, Obélix est toujours prêt à tout abandonner pour suivre Astérix dans une nouvelle aventure. Pourvu qu'il y ait[7] des sangliers et de belles bagarres[8]...

Pendant la lecture

D. A quelle époque est-ce que les aventures d'Astérix se passent?

E. Qu'est-ce que les Romains ont annexé au Ier siècle avant Jésus-Christ?

F. Il est comment, Astérix?

G. D'où vient la force surhumaine d'Astérix?

H. Quelles sont les activités d'Obélix?

I. Qu'est-ce qu'Obélix aime?

---

1 invaded **2** invincible **3** smart, cunning **4** quick witted **5** delivery man **6 grand amateur de :** very fond of **7 Pourvu qu'il y ait :** so long as there are **8** fights

J. Quelle est la plus grande réussite de Panoramix?

Panoramix, le druide vénérable du village, cueille[1] le gui[2] et prépare des potions magiques. Sa plus grande réussite[3] est la potion qui donne une force surhumaine au consommateur. Mais Panoramix a d'autres recettes en réserve...

Assurancetourix, c'est le barde. Les opinions sur son talent sont partagées : lui, il trouve qu'il est génial, tous les autres pensent qu'il est innommable[4]. Mais quand il ne dit rien, c'est un gai[5] compagnon, fort apprécié...

K. Qu'est-ce que les autres pensent d'Assurancetourix?

Abraracourcix, enfin, est le chef de la tribu. Majestueux, courageux, ombrageux[6], le vieux guerrier est respecté par ses hommes, craint[7] par ses ennemis. Abraracourcix ne craint qu'une chose : c'est que le ciel[8] lui tombe sur la tête, mais comme il le dit lui-même : « C'est pas demain la veille[9]! »

L. Qu'est-ce qu'Abraracourcix craint?

---

1 picks **2** mistletoe **3** success **4** horrible **5** happy **6** moody
7 feared **8** sky **9 C'est... veille :** tomorrow is not the day before, meaning : it won't happen soon

Après la lecture
Activités

1 La bonne réponse

Choisis la bonne réponse.

1. Astérix est un personnage...
- **a.** réel.
- **b.** de roman.
- **c.** de bande dessinée.
- **d.** de film.

2. René Goscinny et Albert Uderzo sont...
- **a.** des acteurs.
- **b.** des héros gaulois.
- **c.** des personnages d'Astérix.
- **d.** les créateurs d'Astérix.

3. Les noms des personnages d'Astérix sont...
- **a.** amusants.
- **b.** ennuyeux.
- **c.** sérieux.
- **d.** idiots.

4. L'animal préféré d'Obélix est...
- **a.** le chien.
- **b.** le chat.
- **c.** le poisson.
- **d.** le sanglier.

5. Le meilleur ami d'Astérix est...
- **a.** Panoramix.
- **b.** Abraracourcix.
- **c.** Idéfix.
- **d.** Obélix.

6. Panoramix prépare... dans une grosse marmite.
- **a.** de la ratatouille
- **b.** de la soupe
- **c.** de la potion magique
- **d.** du chocolat au lait

2 En contexte

Utilise les mots ci-dessous pour compléter les phrases suivantes.

livreur   malin   époque   bataille   cueillir

1. A l'_____ d'Astérix, les Romains étaient à la tête d'un vaste empire.

2. Le chien d'Obélix, Idéfix, est très _____. Il sait ouvrir la porte de la maison.

3. Obélix a commandé un sanglier à «Sanglier-Hut». Il attend le _____.

4. Panoramix aime beaucoup les pommes. Il va les _____ lui-même.

5. Avant une grande _____, Panoramix prépare toujours une marmite de potion magique.

The Granger Collection,
New York

3 La citation de Jules César

a. Jules César, célèbre général romain, joue fréquemment un rôle dans les aventures d'Astérix. Retrouve la phrase célèbre que Jules César a prononcée après la bataille de Zela en 47 avant J.-C. *(47 B.C.)*. D'abord, complète les phrases ci-dessous, puis écris dans le tableau, les lettres inscrites dans les cercles.

1. Une __(V)__ __ __ __ __ __ est une expérience passionnante et parfois dangereuse.

2. Astérix est un __ __(__)__ __ __ __ __ qui aime beaucoup les batailles.

3. Astérix est très __ __ __ __(__) un autre mot pour «intelligent».

4. La seule chose qu'Abraracourcix craint, c'est que le __(__)__ __ lui tombe sur la tête.

5. Obélix est un __ __(__)__ __ __ __ de menhirs.

6. Panoramix cueille le __ __(__).

7. La première __ __ __(__)__ dessinée d'Astérix a été publiée en 1959.

8. Un __ __ __(__)__ __ est une personne qui fait des potions magiques.

9. Une petite ville s'appelle un(__)__ __ __ __ __ __.

10. Obélix est un grand amateur de __ __ __ __ __(__)__ __ __, qui sont des animaux sauvages.

11. Assurancetourix est un gai(__)__ __ __ __ __ __ __ __ quand il ne dit rien.

12. Les __(__)__ __ __ __ __ __ d'Astérix sont souvent périlleuses.

b. Citation de Jules César en latin :

V	__	__	__,	__	__	__	__,	__	__	__	__

c. Donne les traductions en français et en anglais de la citation de Jules César en remettant les deux phrases suivantes dans l'ordre :

1. Français : « venu,/ Je / vaincu / vu / j'ai / suis / j'ai »

_____

2. Anglais : "came, /conquered / saw, / I /I / I"

_____

4 Astérix au cinéma

Un des albums d'Astérix s'appelle *La Grande Traversée*. Dans cet album, Astérix traverse l'Atlantique et se retrouve en Amérique. Des studios de cinéma ont décidé de produire un film basé sur cette histoire. A toi de choisir les acteurs pour les rôles d'Astérix, d'Obélix, de Panoramix, d'Assurancetourix et d'Abraracourcix. Utilise le vocabulaire qui t'est donné pour justifier tes choix.

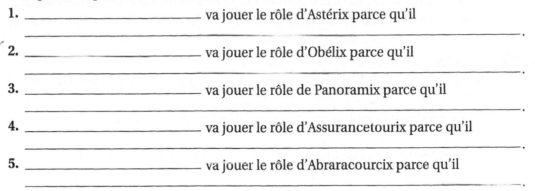

chante très mal   joue souvent dans des films d'aventures   amusant

grand   fort   a l'esprit malin   assez petit

majestueux   intelligent   courageux   assez vieux

Complète les phrases suivantes :

1. _____ va jouer le rôle d'Astérix parce qu'il
_____.

2. _____ va jouer le rôle d'Obélix parce qu'il
_____.

3. _____ va jouer le rôle de Panoramix parce qu'il
_____.

4. _____ va jouer le rôle d'Assurancetourix parce qu'il
_____.

5. _____ va jouer le rôle d'Abraracourcix parce qu'il
_____.

5 Ma bande dessinée préférée

Décris ton personnage préféré de bande dessinée en complétant le paragraphe suivant.

Mon personnage préféré de bande dessinée est un homme / une femme / un garçon / une fille / un animal. Il / Elle est grand / grande / petit / petite / de taille moyenne. Il / Elle a les cheveux _____ et les yeux _____ _____. Il / Elle est très _____, _____ et _____.
Il / Elle n'est pas du tout _____.
Comme vêtements, il / elle met souvent _____.
Il / Elle aime _____. Il / Elle n'aime pas du tout _____.

Lis la description de ton personnage préféré de bande dessinée à la classe. Les autres élèves doivent deviner l'identité du personnage que tu as décrit.

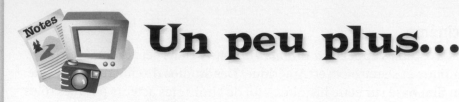

Un peu plus...

Le nom d'Astérix

Est-ce que tu as remarqué que dans les albums d'Astérix, les noms des personnages gaulois se terminent tous en **-ix?** En réalité, les noms gaulois ne finissaient pas tous en **-ix,** mais les auteurs d'Astérix ont choisi des noms comme ça pour rappeler l'image de Vercingétorix, célèbre chef gaulois. Le nom d'Astérix est composé des mots « aster » (étoile) et « rix » (roi en celte); le nom d'Obélix vient du mot « obélisque », colonne de pierre massive que les Egyptiens avaient pour célébrer le soleil.

Pour former les noms de leurs personnages, les créateurs d'Astérix recherchent d'abord le mot-clé qui décrit le mieux la personnalité de chaque personnage. Quand ils trouvent le meilleur qualificatif, ils ajoutent la terminaison **-ix** à ce mot.

1 A toi!

Donne des noms à de nouveaux personnages gaulois. Aide-toi en utilisant les mots ci-dessous.

> **Exemple** : un Gaulois qui pense toujours au passé : **Nostalgix**

gourmand   rigolo   sévère   sociable   timide   travailleur

1. un Gaulois qui a beaucoup d'amis et qui aime s'amuser

2. un Gaulois que tout le monde trouve amusant

3. un Gaulois qui travaille douze heures par jour

4. un Gaulois qui ne parle pas beaucoup

5. un Gaulois qui aime beaucoup manger

6. un Gaulois qui est professeur et que les élèves n'aiment pas trop

2 Proverbe

Tous les chemins mènent à Rome.

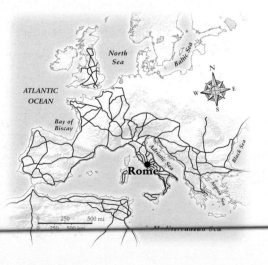

Chapitre 2
Boucle d'Or et
les trois ours 10

• Chapitre

2 *Avant la lecture*
Boucle d'Or et les trois ours

Stratégie

Utilise ce que tu connais[1] Quand tu lis un texte, tu sais en général de quoi le texte parle. Quand tu lis un nouveau texte, pense à ce que tu connais. Le titre, les photos, la légende te donnent les premières informations sur le texte. Il y a aussi ce que tu connais déjà par expérience sur le sujet qui te permet de mieux comprendre le texte.

Activités

A **Devine!** Le texte que te vas lire s'intitule ***Boucle d'Or et les trois ours.*** C'est un conte[2] très populaire. Quelle en est l'histoire? Utilise les mots suivants et les histoires que tu connais pour deviner la signification du titre du conte.

une boucle *lock of hair*   **habiter** *to live*
un ours *a bear*   **l'or** *gold*

Note de grammaire

B Dans le texte que tu vas lire, certains verbes sont conjugués au **passé simple.** Le passé simple est un temps du passé (comme le passé composé) qui est souvent utilisé en littérature. Est-ce que tu peux retrouver l'infinitif des verbes suivants? Par exemple : **eut** est une forme du passé simple du verbe **avoir**

s'écrier	aller	voir	s'asseoir	trouver	décider

1. elle alla   **3.** elle décida   **5.** il s'écria
2. elle vit   **4.** ils trouvèrent   **6.** elle s'assit

---

1 know   **2** story

Boucle d'Or et les trois ours

A. Dans les premières lignes du texte, il y a certainement quelques mots de vocabulaire que tu ne connais pas, par exemple le mot **dorés.** Est-ce que tu peux essayer de deviner ce que ce mot signifie?

B. Où habite Boucle d'Or?

C. Qu'est-ce que Boucle d'Or voit dans la forêt?

D. Qu'est-ce que Boucle d'Or veut faire avec les fleurs?

E. Comment est-que Boucle d'Or se perd?

Il était une fois une petite fille qui avait les cheveux si bouclés et si dorés qu'on l'appelait Boucle d'Or. Elle habitait avec sa Maman une petite maison près de la forêt. Sa Maman lui disait souvent : « Boucle d'Or, ne te promène pas toute seule dans la forêt. On ne sait jamais ce qui peut arriver dans les bois, et tu pourrais te perdre[1] ».

Un jour, comme elle se promenait en bordure de la forêt, Boucle d'Or vit briller[2] sous les arbres une jacinthe[3] bleue. Elle fit[4] trois pas[5] dans la forêt et la cueillit[6]. Elle vit alors, un peu plus loin, une jacinthe blanche, plus belle encore que la bleue. Elle fit trois pas et la cueillit. Et, encore un peu plus loin, elle vit tout un tapis de jacinthes bleues et de jacinthes blanches. Elle y courut[7] et se mit à faire un gros bouquet. Elle voulait les offrir à sa Maman. Mais, quand elle eut fini de cueillir les fleurs, elle ne savait plus où elle était. Elle ne savait plus par quel chemin[8] elle était arrivée là. Tous les chemins se ressemblaient. Elle prit un chemin au hasard et elle se perdit[9]. Elle marcha longtemps, longtemps...

1 get lost **2 vit briller :** saw shining **3** hyacinth (a type of flower) **4** took **5** steps
6 picked it **7** ran **8** path **9** got lost

Pendant ce temps, la famille Ours qui habitait une petite maison dans la forêt, allait se mettre à table. Mais la soupe était trop chaude. Bébé Ours demanda à Maman et Papa Ours s'ils pouvaient aller ramasser[1] des mûres[2] pour le dessert en attendant que la soupe refroidisse[3]. Maman et Papa Ours trouvèrent que c'était une bonne idée et ils partirent tous les trois dans la forêt cueillir des mûres.

Boucle d'Or était très fatiguée et triste. Elle allait se mettre à pleurer[4] quand, soudain, elle vit à travers les arbres la très jolie maison de la famille Ours. Toute contente, Boucle d'Or alla vers la maison. La fenêtre était grande ouverte. Boucle d'Or regarda par la fenêtre. Elle vit trois tables l'une à côté de l'autre, bien rangées. Il y avait une grande table, une moyenne table et une toute petite table. Devant chaque table il y avait une chaise : devant la grande table, une grande chaise; devant la moyenne table, une moyenne chaise ; devant la petite table, une toute petite chaise. Et, sur chaque table, un bol de soupe : un grand bol sur la grande table ; un moyen bol sur la moyenne table ; un petit bol sur la toute petite table.

Boucle d'Or trouva la maison très jolie et très confortable. La soupe sentait[5] bon et elle avait très faim. Elle alla frapper[6] à la porte mais personne ne répondit. Comme elle avait vraiment très faim, elle décida d'entrer dans la maison. Elle ouvrit la porte qui n'était pas fermée à clé[7]. Elle se trouva alors dans une grande pièce, celle où elle avait vu les trois tables par la fenêtre. La pièce était vide[8]. A droite de l'entrée, il y avait la cuisine, vide elle aussi.

Pendant la lecture

F. La soupe est trop chaude. Qu'est-ce que la famille Ours décide de faire?

G. Qu'est-ce que Boucle d'Or voit à travers les arbres?

H. Qu'est-ce que Boucle d'Or voit par la fenêtre?

I. Pourquoi est-ce que Boucle d'Or décide d'entrer dans la maison?

J. Où est la cuisine?

1 pick up **2** blackberries **3** cool down **4** cry **5** smelled **6** knock **7** locked **8** empty

K. Pourquoi est-ce qu'elle ne finit pas la soupe du moyen bol?

L. Quelle chaise est-ce que Boucle d'Or choisit?

M. Combien de lits est-ce qu'il y a dans la chambre?

N. Quel lit est-ce que Boucle d'Or choisit?

O. Quelle chaise est cassée?

Boucle d'Or fit quelques pas à l'intérieur de la maison. Elle se demandait qui pouvait habiter cette drôle de maison. Elle s'approcha du premier bol de soupe, le grand bol. Elle goûta[1] la soupe et la trouva trop chaude. Ensuite, elle goûta la soupe du moyen bol, mais elle était trop salée. Enfin, elle goûta la soupe du tout petit bol. Elle était parfaite. Boucle d'Or la finit jusqu'à la dernière goutte[2].

Maintenant qu'elle n'avait plus faim, Boucle d'Or voulut s'asseoir pour se reposer un peu. Elle s'assit sur la grande chaise, mais elle la trouva bien trop grande. Elle s'assit sur la moyenne chaise, mais elle la trouva trop bancale[3]. Alors, elle s'assit sur la petite chaise, mais Boucle d'Or était trop lourde et elle cassa[4] la petite chaise.

Boucle d'Or vit alors un escalier dans le coin, au fond[5] de la pièce. Elle décida de monter voir ce qu'il y avait à l'étage. Arrivée en haut, elle vit une grande chambre à coucher dans laquelle se trouvaient trois lits : un grand lit, un moyen lit et un tout petit lit. Elle essaya d'abord le grand lit, mais il était bien trop haut. Le moyen lit était trop dur[6]. Enfin, Boucle d'Or s'allongea sur le tout petit lit. Il était parfait et elle s'y endormit[7].

La famille Ours avait fini de cueillir les mûres et décida qu'il était temps de rentrer déjeuner. Maman, Papa et Bébé Ours avaient très faim. En entrant dans la maison, Papa Ours s'écria :

— Quelqu'un a touché à ma soupe !

Et Maman Ours s'écria elle aussi :
— Quelqu'un a touché à ma soupe !

Et Bébé Ours, d'une toute petite voix, dit :
— Quelqu'un a mangé ma soupe !

Puis Papa Ours regarda sa chaise et dit :
— Quelqu'un s'est assis sur ma chaise !

Et Maman Ours :
— Quelqu'un s'est assis sur ma chaise aussi !

Et Bébé Ours regarda sa chaise et se mit à pleurer :
— Quelqu'un a cassé ma chaise !

....
1 tasted **2** drop **3** rickety **4** broke **5** the far end **6** hard **7** fell asleep

Très en colère[1], les trois ours commencèrent à chercher partout. Papa Ours alla vers l'escalier qu'il grimpa[2] quatre à quatre suivi par Maman Ours et Bébé Ours qui séchait[3] ses larmes[4]. Quand il arriva dans la chambre, Papa Ours regarda son grand lit et dit :

— Quelqu'un a touché à mon lit !

Et Maman Ours :
— Quelqu'un s'est couché dans mon lit !

Et Bébé Ours s'écria de sa toute petite voix :
— Oh ! Regardez ! Il y a une petite fille dans mon lit !

En entendant ce cri, Boucle d'Or se réveilla et elle vit les trois ours devant elle. D'un bond[5], elle sauta[6] hors du lit et d'un autre bond, elle descendit les escaliers et alla vers la porte. La famille Ours connaissait bien Boucle d'Or de vue[7]. Bébé Ours, de sa toute petite voix, cria :

— Prends le petit chemin à droite pour sortir de la forêt !

Pendant la lecture

P. Pourquoi est-ce que Bébé Ours pleure?

Q. Dans quel lit est-ce que les trois ours trouvent Boucle d'Or?

R. Qu'est-ce que Boucle d'Or fait quand elle voit les trois ours?

S. Quel chemin est-ce que Boucle d'Or prend? Pourquoi?

Boucle d'Or prit le petit chemin à droite et elle eut la surprise de se retrouver tout près de sa maison. Elle pensa alors : « Ce petit ours a été bien gentil. Et pourtant, j'ai mangé sa soupe ! Et j'ai aussi cassé sa chaise ! »

1 angry **2** climbed **3** was drying **4** tears **5** in one leap **6** jumped **7** by sight

Après la lecture
Activités

1 **La bonne réponse**
Choisis la bonne réponse.

1. Boucle d'Or s'appelle ainsi parce que...
   a. ses cheveux sont en or.
   b. ses boucles d'oreille sont en or.
   c. ses cheveux sont blonds et bouclés.

2. Boucle d'Or ne doit pas aller dans la forêt parce que...
   a. c'est très dangereux.
   b. elle peut y cueillir des jacinthes.
   c. il y a des animaux.

3. Boucle d'Or entre dans la maison de la famille Ours parce qu'...
   a. elle a faim.
   b. elle croit qu'elle est chez elle.
   c. elle a froid.

4. La chaise de Bébé Ours est...
   a. très grande.
   b. bancale.
   c. cassée.

5. Boucle d'Or a mangé toute la soupe de...
   a. Papa Ours.
   b. Maman Ours.
   c. Bébé Ours.

6. Quand les ours trouvent Boucle d'Or, ils...
   a. laissent Boucle d'Or rentrer chez elle.
   b. mangent Boucle d'Or.
   c. demandent à Boucle d'Or de faire de la soupe.

En contexte

A l'aide du vocabulaire ci-dessous, complète les phrases suivantes et devine le mot secret en remettant les lettres dans le bon ordre.

cueillir   pleurer   ranger   en colère   se perdre   au fond

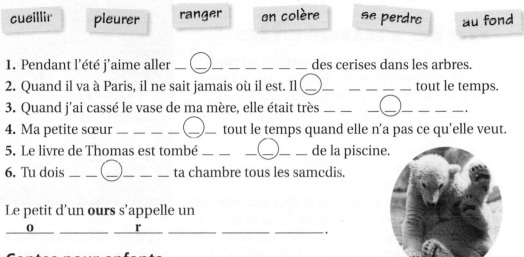

1. Pendant l'été j'aime aller _ ⬭ _ _ _ _ _ des cerises dans les arbres.
2. Quand il va à Paris, il ne sait jamais où il est. Il ⬭_ _ _ _ _ tout le temps.
3. Quand j'ai cassé le vase de ma mère, elle était très _ _ _⬭_ _ _ _.
4. Ma petite sœur _ _ _ _⬭_ tout le temps quand elle n'a pas ce qu'elle veut.
5. Le livre de Thomas est tombé _ _ _⬭_ _ de la piscine.
6. Tu dois _ _⬭_ _ _ ta chambre tous les samedis.

Le petit d'un **ours** s'appelle un
__o__ _____ __r__ _____ _____ _____.

Contes pour enfants

Est-ce que tu reconnais ces six contes? Si tu ne peux pas les reconnaître tout de suite, regarde les mots qui te sont donnés : ils t'aideront à te rappeler de l'histoire. Raconte en quelques lignes ces contes.

belle-mère   prince   château   haricot   chaussure

belle-sœur   ogre   bois   bonnet   grand-mère

reine   robe   verre   pauvre   bal

dent   sept nains   cent ans   roi   manteau

1. La Belle au bois dormant
2. Le Petit Chaperon rouge
3. Blanche-Neige
4. Cendrillon
5. Les Habits neufs de l'empereur
6. Jack et le haricot magique

Et toi?

Est-ce que tu t'es déjà perdu(e)? Quel âge est-ce que tu avais? Où est-ce que tu étais? Quels étaient tes sentiments? Comment est-ce que tu as retrouvé ton chemin?

Un peu plus...

Note culturelle

En France et dans le monde francophone, on peut admirer différents types d'habitation. Dans le centre des grandes villes françaises, par exemple, il y a beaucoup d'immeubles[1] anciens. Souvent, les hôtels particuliers qui appartenaient[2] originellement à une seule famille ont été reconvertis en appartements. Dans les banlieues[3], les immeubles et les pavillons[4] sont souvent plus modernes.

Les maisons ont aussi des noms et des styles différents selon les régions où elles se trouvent. Par exemple, en Provence, il y a des mas provençaux* et au bord de la mer, il y a des villas. En Afrique, à la campagne, on habite souvent dans des cases[5]. En Suisse, on voit beaucoup de chalets et en Louisiane et aux Antilles, on trouve de belles maisons coloniales.

1 Trouve la paire

Connais-tu l'habitat des Français? Pour le savoir, complète les phrases suivantes.

1. Sur la Côte d'Azur...
2. Dans les banlieues, on trouve...
3. L'aspect extérieur des maisons...
4. En Provence, il y a...
5. Beaucoup de Français habitent...

a. varie suivant les régions.
b. des immeubles anciens.
c. des mas provençaux.
d. il y a des villas.
e. des immeubles modernes ou des pavillons.

2 Citation

«La ville, c'est comme les enfants, elle dort la lampe allumée.» Jacques Savoie, *Le Récit du Prince.*

---

1 buildings   2 belonged   3 suburbs   4 suburban, single-family houses   5 huts
*un mas provençal est une ferme ou une maison en pierres typiques de Provence

3

Avant la lecture
Lettre à un Français qui veut émigrer au Québec

Stratégie

Utiliser le contexte Pour comprendre le sens[1] d'un mot, tu peux utiliser le contexte, c'est-à-dire, les mots et les phrases qui entourent[2] ce mot. Quand tu lis un texte en anglais, tu ne connais pas toujours tous les mots, mais tu peux deviner le sens d'un mot parce que tu connais le contexte. C'est la même chose avec un texte en langue étrangère[3]. Il y a des mots et des expressions que tu connais, d'autres qui te sont plus ou moins familiers et d'autres encore qui te sont totalement inconnus[4]. Le contexte peut t'aider à les comprendre.

Activité

Est-ce que tu connais la cuisine canadienne? Est-ce que tu peux nommer deux ou trois plats canadiens? En utilisant le contexte de la cuisine, essaie de deviner la signification des mots suivants. Tu vas rencontrer ces mots dans la lecture.
bouillir
un gigot
fricassé
le goût
un plat salé-sucré

---

1 meaning **2** surround **3** foreign **4** unknown

Lettre à un Français qui veut émigrer au Québec

Carl Dubuc (1925–1975) Journaliste québécois et descendant de Québécois depuis deux siècles, Carl Dubuc est né en France à Meudon. Son livre *Lettre à un Français qui veut émigrer au Québec* est paru en 1968 et a été réédité récemment.

A. Qu'est-ce que ça veut dire, «émigrer»?

B. D'où viennent les habitudes alimentaires des Canadiens?

C. Comment est-ce que les Canadiens préparent les rôtis?

La cuisine canadienne

Parmi[1] les plus nobles richesses que nous rangeons fièrement[2] dans notre patrimoine[3] national, il y a la cuisine canadienne. Or, il n'y a pas de cuisine canadienne.

Nous tenons[4] nos coutumes alimentaires[5] et nos us[6] culinaires des Anglais et des Américains qui nous ont tour à tour[7] colonisés.

Nous ne faisons pas bouillir les rôtis[8] et les gigots[9] comme les Anglais, mais comme les Américains nous les laissons cuire[10] dans leur propre jus, négligeant[11] les sauces savantes[12] que les Européens préparent avec amour et patience (pour voiler[13], peut-être, le goût[14] de la viande parfois suspecte dont ils disposent).

---

1 among   **2 rangeons fièrement :** proudly store   **3** heritage   **4** hold   **5** food
6 customs   **7 tour à tour :** in turn   **8 bouillir les rôtis :** boil the roasts   **9** leg of lamb
10 cook   **11** neglecting   **12** elaborate   **13** to hide   **14** taste

Nos pâtés au poulet et toutes les viandes hachées[1] ou fricassées[2] que nous enrobons[3] de pâte plus ou moins croustillante[4] sont un héritage des Anglais, spécialistes du *Beef and Kidney Pie*. Les Anglais nous ont initiés aux biscuits — dont ils ont poussé la fabrication jusqu'à la hauteur d'un art international — et nous ont intéressés au thé[5], inconnu de nos premiers colons et que nous nous obstinons à faire comme des colons!

De l'Angleterre aussi, corrompue[6] par ses colonies orientales, nous avons tiré les plats salés-sucrés[7]: jambon à la cassonade ou à la sauce aux raisins, canard[8] à l'orange, viande à l'ananas et salades irrationnelles où se mêlent[9] le riz, les concombres, la laitue, les oranges et les pommes.

L'Anglais nous a encore légué le goût des concombres marinés, des piments[10] vinaigrés et du *chow-chow* qui tenaient autrefois la place d'honneur sur nos tables et sont peu à peu disparus pour laisser en souvenir l'infâme *ketchup* dont nous arrosons[11] sans discrimination — mais avec difficulté vu la forme idiote des bouteilles — la plupart de nos plats, les plus lourds[12] comme les plus raffinés.

Les plats typiquement canadiens? Le *ragoût de boulettes et de pattes* est un des plats nationaux d'Allemagne: il a sans doute été introduit chez nous par les mercenaires allemands restés après la Conquête...

Pendant la lecture

D. De quelles spécialités anglaises est-ce que les Canadiens ont hérité?

E. D'où viennent les spécialités salées-sucrées? Quelles sont-elles?

F. Qu'est-ce que le ketchup a remplacé? Est-ce que l'auteur est content de ce changement?

G. Quel plat vient d'Allemagne?

---

1 ground **2** cut up and fried **3** wrap up **4** crusty **5** tea **6** corrupt **7 plats salés-sucrés :** sweet and sour dish **8** duck **9** mix **10** peppers **11** drench **12** heavy

H. La tourtière, qu'est-ce que c'est? D'où vient ce mot?

Le *pâté chinois* est le *Shepherd's Pie*. Et les meilleures fèves[1] au lard canadiennes sont fabriquées à Boston: *Boston Baked Beans*.

La *tourtière*[2]? L'exception qui confirme la règle! La *tourtière* est une sorte de tarte à la viande hâchée. Or, selon le dictionnaire, la tourtière est l'"ustensile de cuisine servant à faire cuire des tourtes[3]", qui sont des "pâtisseries dans lesquelles on met des viandes, des fruits, etc…". La *tourtière* est bien de chez nous! Seuls les colons canadiens affamés[4] auraient pu tirer[5] un plat d'un ustensile.

Quand à la soupe aux pois, que le Canadien français ne mange presque plus[6], elle conserve une valeur folklorique et qui ne se retrouve guère[7] que dans l'expression péjorative "French Pea Soup", insulte confuse que se sont permise longtemps à notre endroit des Canadiens anglais que nous trouvions de toute façon *pleins de soupe*[8]!

Dis-moi qui tu es !

I. Pourquoi est-ce que les Canadiens manquent d'assurance en cuisine?

Soumis[9] d'un côté[10] aux coutumes anglo-saxonnes et de l'autre à l'influence française, nous manquons[11] d'assurance aux repas parce que nous ne savons plus au juste comment les nommer.

1 beans   **2** meat pie; also the pan in which it is made   **3** pies   **4** famished
5 auraient pu tirer : could get   **6 ne. . . plus :** almost never eat anymore   **7** hardly
8 slobs   **9** subjected   **10** side   **11** lack

Si, le matin, nous n'éprouvons[1] aucune difficulté devant nos rôties[2], nos corn flakes, nos œufs et notre bacon, — c'est notre déjeuner, même si certains s'obstinent[3] à l'appeler le petit déjeuner —, à midi nous éprouvons une certaine angoisse[4] car rien ne nous dit expressément à quoi nous faisons face: au déjeuner, au lunch ou au dîner?

C'est peut-être pour éviter[5] d'appeler le repas du midi par son nom, que tant de travailleurs, cols bleus, cols blancs et cols roulés, apportent de chez eux leur lunch.

Après le petit *snack* de l'après-midi, dont nous ne savons pas si c'est le thé, le goûter ou la collation, nous nous retrouvons devant le souper[6], dont nous nous demandons si par hasard il ne faudrait pas l'appeler le dîner; par un faux-fuyant[7] bien de chez nous, de nombreuses familles se voient réduites à l'appeler timidement "le repas du soir".

Ce qui nous déconcerte[8], c'est que, vous Français, nous avez appris que le souper se prend tard le soir, après le théâtre, le cinéma, ou même à la fin d'une soirée. Mais nous acceptons mal ce déplacement[9] des valeurs. Et, dans les invitations officielles, on est obligé de nous rappeler à l'ordre: quand on nous invite à déjeuner ou à dîner ou qu'on nous signale qu'il y aura un souper-buffet, on prend la peine, sur la carte d'invitation, de nous indiquer à quelle heure ça se passera.

Oh! il y a les Canadiens français qui font tout pour entretenir la confusion! Invités quelque part le soir, il se gavent[10] vers minuit à même un buffet et le lendemain midi, — au déjeuner ou au dîner? —, ils disent aux camarades:

— J'ai soupé chez moi hier soir, mais je te dis que, cette nuit je t'ai pris un maudit[11] bon lunch!

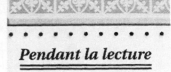

Pendant la lecture

J. Quel nom est-ce que les Canadiens donnent au repas de midi?

K. Est-ce qu'on soupe à la même heure en France et au Canada?

L. Qu'est-ce que dit le Canadien quand il parle de son repas de minuit?

---

1 experience   2 slices of toast   3 insist   4 anguish   5 to avoid   6 supper
7 misleading term   8 confuses   9 shifting   10 stuff themselves   11 darn

Après la lecture
Activités

1 **Vrai ou faux?**

Lis les phrases suivantes. Est-ce qu'elles sont vraies ou fausses?

vrai   faux

☐   ☐   **1.** Les Anglais ont initié les Canadiens aux biscuits.

☐   ☐   **2.** L'auteur préfère le ketchup au chow-chow.

☐   ☐   **3.** Les Canadiens français ne mangent presque plus de soupe aux pois.

☐   ☐   **4.** Les Canadiens ne savent pas comment appeler leurs différents repas.

☐   ☐   **5.** Les Canadiens prennent un snack l'après-midi.

☐   ☐   **6.** Le souper se mange le matin.

2 **En contexte**

Complète les phrases suivantes avec les mots ci-dessous.

culinaires   Américains   hachées   salés-sucrés   croustillante

tourtière   déjeuner   lunch   dîner   Anglais   pâtés

1. Les habitudes _ _ _ _ _ _ _ _ _ _ des Canadiens sont influencées par les _ _ _ _ _ _ _ et les _ _ _ _ _ _ _ _ _ _ _.

2. Les Canadiens mangent les _ _ _ _ _ au poulet, les fricassées et les viandes _ _ _ _ _ _ _ enrobés dans une pâte _ _ _ _ _ _ _ _ _ _ _ _ _ _.

3. Les Canadiens aiment les plats _ _ _ _ _ - _ _ _ _ _ _.

4. La _ _ _ _ _ _ _ _ _ est un plat typiquement canadien.

5. Le repas de midi canadien s'appelle le _ _ _ _ _ _ _ _, le _ _ _ _ _ ou le _ _ _ _ _.

3 Le sais-tu?

On associe souvent un pays avec une spécialité culinaire. Devine dans quel pays tu peux déguster les spécialités suivantes :

1. —— sushi
2. ___ fromage
3. ___ spaghettis
4. ___ enchilada
5. ___ paella
6. ___ rosbif
7. ___ riz
8. ___ hamburger

a. Angleterre
b. France
c. Chine
d. Etats-Unis

e. Japon
f. Italie
g. Mexique
h. Espagne

4 Parlons de la cuisine!

1. A ton avis, pourquoi est-ce que la cuisine canadienne a été influencée par les Anglais et les Américains, entre autres?

2. Pourquoi est-ce que l'influence française est aussi importante?

3. A ton avis, qui a eu la plus grande influence sur la cuisine canadienne : les Français ou les Anglais? Pourquoi?

5 A toi

a. Les cuisines étrangères ont influencé ct influcncent encore la cuisine américaine. Est-ce que tu peux donner le nom de plats étrangers qui ont influencé la cuisine américaine?

b. Tu invites des amis chez toi et tu veux leur faire une surprise. A partir d'un plat de cuisine étrangère que tu connais, tu vas créer ta propre recette et adapter ce plat au goût américain. Explique ce que tu as fait et écris ta nouvelle recette.

Un peu plus...

Note culturelle

Le repas français «Il faut manger pour vivre et non pas vivre pour manger» affirmait Harpagon dans la pièce de Molière, *l'Avare*. Est-ce que Harpagon a raison? Est-ce que le repas traditionnel français va disparaître?

En France, si les repas de famille ou entre amis et les repas de fête durent[1] encore plusieurs heures, les repas de tous les jours sont beaucoup plus courts. Pour déjeuner, par exemple, beaucoup de Français se contentent d'un croque-monsieur, d'une pizza-portion, d'un sandwich ou encore d'un hamburger. Le dîner aussi dure moins longtemps qu'avant.

La nourriture aussi se diversifie. Les Français mangent italien, grec, vietnamien, indien, pakistanais… La cuisine nord-africaine, avec son fameux couscous, est très populaire. Les produits surgelés[2] tiennent une part importante dans la cuisine mais les plats livrés à domicile[3], comme les pizzas, ne sont pas encore passés dans les habitudes de tous les Français.

Si les habitudes de la table changent, les Français aiment toujours bien manger. Ils aiment partager[4] un bon repas soit entre amis soit en famille.

1 Un repas à la française

Avec quelques amis, vous décidez de préparer des repas typiquement français. Aujourd'hui, c'est toi qui invite et tu dois faire le menu. Présente ton menu à la classe et donne la recette de ton plat préféré. Pour des idées de recettes, tu peux consulter des livres de cuisine française ou l'Internet.

2 Proverbe

Avoir les yeux plus gros que le ventre

- -

1 last   **2** frozen   **3 livrés à domicile :** delivered at home   **4** share

Chapitre

4 *Avant la lecture*
Le Petit Prince

Stratégie

Famille de mots Souvent, quand tu connais[1] un mot, tu peux trouver dans la même famille un nom, un adjectif ou un verbe qui vont tous avoir le même sens[2]. Par exemple, le nom la **découverte**[3] donne le verbe **découvrir** et l'adjectif **découvert.** Quand tu vas lire l'extrait du *Petit Prince,* tu vas rencontrer beaucoup de nouveaux mots. Si tu trouves un mot que tu ne connais pas, pense à ces questions : est-ce que le mot est un verbe, un nom ou un adjectif? Est-ce que ce mot ressemble à un mot que je connais?

Activités

A **La famille de mots** Dans la liste suivante, regroupe les mots de la même famille. Ensuite, essaie de trouver leur signification.

Exemple : le savant - savoir **Savoir** signifie *to know.* Le **savant** est quelqu'un qui sait, c'est-à-dire *a scholar, a scientist.*

1. le géographe
2. l'explorateur
3. l'habitation
4. la découverte
5. la preuve
6. la disparition

a. prouver
b. habiter
c. disparaître
d. la géographie
e. explorer
f. découvrir

B **L'Exploration** Les gens partent en vacances dans le Colorado, au Canada, au Mexique, en France…
Est-ce que tu penses qu'il va être un jour possible d'aller visiter Mars ou Jupiter? Est-ce que tu voudrais faire un voyage dans l'espace, visiter d'autres planètes? Pourquoi?

Rappel Au chapitre 2, tu as rencontré des verbes au **passé simple.** Le **passé simple** est un temps du passé (comme le passé composé) qui est souvent utilisé en littérature. (aller → **alla**)

---

1 know **2** meaning **3** discovery

Le Petit Prince

Antoine de Saint-Exupéry (1900–1944) est né à Lyon. Il fait son service militaire comme pilote dans l'Armée de l'Air et en 1926, il commence à travailler pour l'Aéropostale, une compagnie d'aviation. Pendant la Deuxième Guerre mondiale, il est pilote pour un groupe de reconnaissance de l'armée. Le 31 juillet 1944, il disparaît pendant une mission. Après de nombreuses années de recherche, on a retrouvé son avion dans la Méditerranée, près de Marseille. Surnommé le «poète de l'avion», Antoine de Saint-Exupéry a écrit de nombreux récits[1] sur les pilotes d'avion. *Le Petit Prince* a été publié en 1943.

A. Qu'est-ce que le petit prince cherche?

Le petit prince a quitté sa petite planète à cause de ses difficultés avec une fleur. Il est parti visiter d'autres planètes.
Il veut découvrir comment vivre et pourquoi. Il arrive sur la sixième planète...

B. Qui habite sur la sixième planète?

XV

La sixième planète était une planète dix fois plus vaste. Elle était habitée par un vieux Monsieur qui écrivait d'énormes livres.

— Tiens ! voilà un explorateur ! s'écria-t-il, quand il aperçut[2] le petit prince.

Le petit prince s'assit[3] sur la table et souffla[4] un peu. Il avait déjà tant[5] voyagé !

— D'où viens-tu ? lui dit le vieux Monsieur.

. . . .

1 stories **2** noticed **3** sat **4** breathed, rested **5** so much

— Quel est ce gros livre ? dit le petit prince. Que faites-vous ici ?

— Je suis géographe, dit le vieux Monsieur.

— Qu'est-ce qu'un géographe ?

— C'est un savant qui connaît où se trouvent les mers, les fleuves, les villes, les montagnes et les déserts.

— Ça c'est bien intéressant, dit le petit prince. Ça c'est enfin un véritable métier[1]! Et il jeta un coup d'œil[2] autour[3] de lui sur la planète du géographe. Il n'avait jamais vu encore une planète aussi majestueuse.

— Elle est bien belle, votre planète. Est-ce qu'il y a des océans ?

— Je ne puis[4] pas le savoir, dit le géographe.

— Ah ! (Le petit prince était déçu[5].) Et des montagnes ?

— Je ne puis pas le savoir non plus, dit le géographe.

— Et des villes et des fleuves et des déserts ?

— Je ne puis pas le savoir non plus, dit le géographe.

— Mais vous êtes géographe !

— C'est exact, dit le géographe, mais je ne suis pas explorateur. Je manque[6] absolument d'explorateurs. Ce n'est pas le géographe qui va faire le compte des villes, des fleuves, des montagnes, des mers, des océans et des déserts. Le géographe est trop important pour flâner[7]. Il ne quitte pas son bureau. Mais il y reçoit les explorateurs. Il les interroge, et il prend en note leurs souvenirs. Et si les souvenirs de l'un d'entre eux lui paraissent[8] intéressants, le géographe fait faire une enquête sur la moralité de l'explorateur.

— Pourquoi ça ?

— Parce qu'un explorateur qui mentirait[9] entraînerait[10] des catastrophes dans les livres de géographie. Et aussi un explorateur qui boirait trop.

— Pourquoi ça ? fit le petit prince.

— Parce que les ivrognes[11] voient double. Alors le géographe noterait deux montagnes, là où il n'y en a qu'une seule.

— Je connais quelqu'un, dit le petit prince, qui serait mauvais explorateur.

— C'est possible. Donc, quand la moralité de l'explorateur paraît bonne, on fait une enquête sur sa découverte.

Pendant la lecture

C. Qu'est-ce que c'est qu'un géographe ?

D. Pourquoi est-ce que le géographe ne quitte pas son bureau ?

E. Comment est-ce que le géographe écrit ses livres s'il ne quitte pas son bureau ?

---

1 profession   **2** il... œil : glanced   **3** around   **4** another form of **peux**   **5** disappointed
6 lack   **7** stroll   **8** seem   **9** would lie   **10** would lead to   **11** drunks

Pendant la lecture

F. Comment est-ce que l'explorateur prouve qu'il a découvert une grosse montagne?

G. Qu'est-ce que le géographe utilise d'abord pour noter les récits des explorateurs? Pourquoi?

H. Qu'est-ce qu'il y a sur la planète du petit prince?

— On va voir ?

— Non. C'est trop compliqué. Mais on exige de l'explorateur qu'il fournisse[1] des preuves[2]. S'il s'agit par exemple de la découverte d'une grosse montagne, on exige qu'il en rapporte de grosses pierres[3].

Le géographe soudain s'émut[4].

— Mais toi, tu viens de loin ! Tu es explorateur ! Tu vas me décrire ta planète !

Et le géographe, ayant ouvert son registre, tailla[5] son crayon. On note d'abord au crayon les récits des explorateurs. On attend, pour noter à l'encre[6], que l'explorateur ait fourni des preuves.

— Alors ? interrogea le géographe.

— Oh ! chez moi, dit le petit prince, ce n'est pas très intéressant, c'est tout petit. J'ai trois volcans. Deux volcans en activité, et un volcan éteint[7]. Mais on ne sait jamais.

— On ne sait jamais, dit le géographe.

— J'ai aussi une fleur.

— Nous ne notons pas les fleurs, dit le géographe.

— Pourquoi ça ! c'est le plus joli !

---

1 provides   **2** proof   **3** stones   **4** was moved   **5** sharpened   **6** ink   **7** extinct

Pendant la lecture

— Parce que les fleurs sont éphémères.

— Qu'est-ce que signifie : « éphémère » ?

— Les géographies, dit le géographe, sont les livres les plus précieux de tous les livres. Elles ne se démodent[1] jamais. Il est très rare qu'une montagne change de place. Il est très rare qu'un océan se vide de son eau. Nous écrivons des choses éternelles.

— Mais les volcans éteints peuvent se réveiller[2], interrompit le petit prince. Qu'est-ce que signifie « éphémère » ?

— Que les volcans soient éteints ou soient éveillés, ça revient au même[3] pour nous autres, dit le géographe. Ce qui compte pour nous, c'est la montagne. Elle ne change pas.

— Mais qu'est-ce que signifie « éphémère » ? répéta le petit prince qui, de sa vie, n'avait renoncé à une question, une fois qu'il l'avait posée.

— Ça signifie « qui est menacé de disparition prochaine ».

— Ma fleur est menacée de disparition prochaine ?

— Bien sûr.

Ma fleur est éphémère, se dit le petit prince, et elle n'a que[4] quatre épines[5] pour se défendre contre le monde ! Et je l'ai laissée toute seule chez moi !

Ce fut[6] là son premier mouvement de regret. Mais il reprit courage :

— Que me conseillez-vous d'aller visiter ? demanda-t-il.

— La planète Terre[7], lui répondit le géographe. Elle a une bonne réputation...

Et le petit prince s'en fut[8] songeant[9] à sa fleur.

I. Pourquoi est-ce que le géographe ne note pas la fleur?

J. Que signifie «éphémère»?

K. Qu'est-ce que la fleur utilise pour se défendre?

L. Quelle planète est-ce que le géographe recommande au petit prince? Pourquoi?

1 go out of style **2** come back to life **3** ça... même : it amounts to the same thing
4 n'a que : has only **5** thorns **6** was **7** Earth **8** s'en fut : went away **9** thinking

Après la lecture
Activités

1 Qui parle?

Lis les phrases ci-dessous. Qui pourrait les dire : le petit prince ou le géographe?

1. «Les fleurs ne sont pas importantes parce qu'elles sont éphémères.»

2. «J'ai beaucoup voyagé.»

3. «Les fleurs sont jolies.»

4. «Je cherche des explorateurs.»

5. «Je ne sais pas s'il y a des océans et des montagnes sur ma planète.»

6. «Je vais aller visiter la planète Terre.»

2 L'explorateur

Imagine que tu es explorateur/exploratrice de l'espace. Tu arrives sur une nouvelle planète habitée par des personnes qui ne connaissent pas la planète Terre. Complète la description de la planète Terre en utilisant les mots ci-dessous. (N'oublie pas de faire les accords nécessaires.)

> montagne   cocotier   désert   océan   forêts tropicales   bleu
>
> fleuve   volcan   grand   africain   bananier

«Chez moi, c'est très joli. Ma planète est assez (1) _____. Quand il y a du soleil, le ciel est (2) _____. Le continent asiatique et le continent (3) _____ sont deux des sept continents de ma planète. L'Atlantique et le Pacifique sont des (4) _____. Un des plus grands (5) _____ est le Mississippi. Dans les (6) _____, il pleut beaucoup. Il y a beaucoup d'arbres chez moi. J'ai des (7) _____ et des (8) _____. Il y a des régions où il ne pleut pas beaucoup. On les appelle des (9)_____. A Hawaii , il y a des (10) _____ qui entrent en éruption de temps en temps. Ça peut être dangereux! Les Alpes sont de grandes (11) _____ majestueuses. Il faut absolument que vous visitiez ma planète.»

3. La phrase secrète

D'abord, trouve les sept mots définis à droite et que tu peux trouver dans la lecture. Utilise les numéros au-dessous des lettres pour écrire la phrase secrète.

1. $\overline{}_3 \ \overline{}_5 \ \overline{}_{18} \ \overline{}_5 \ \overline{}_2 \ \overline{}_{16} \ \overline{}_2$

Le petit prince arrive sur la _____ planète.

2. $\overline{}_{10} \ \overline{}_8 \ \overline{}_2 \ \overline{}_4 \ \overline{}_{15} \ \overline{}_2 \ \overline{}_3$

Indices, choses qui prouvent d'autres choses.

3. $\overline{}_{16} \ \overline{}_7 \ \overline{}_{17} \ \overline{}_{13} \ \overline{}_9 \ \overline{}_6 \ \overline{}_{17} \ \overline{}_2$

L'Everest, par exemple.

4. $\overline{}_{12} \ \overline{}_2 \ \overline{}_3 \ \overline{}_2 \ \overline{}_8 \ \overline{}_{13}$

Une région où il pleut très peu.

5. $\overline{}_1 \ \overline{}_9 \ \overline{}_{16} \ \overline{}_9 \ \overline{}_5 \ \overline{}_3$

Le contraire de toujours.

6. $\overline{}_{15} \ \overline{}_5 \ \overline{}_{14} \ \overline{}_{14} \ \overline{}_2$

Paris, par exemple.

7. $\overline{}_2 \ \overline{}_{10} \ \overline{}_{11} \ \overline{}_2 \ \overline{}_{16} \ \overline{}_2 \ \overline{}_8 \ \overline{}_2$

Le contraire d'éternel.

La phrase secrète :

$\overline{}_1 \ \overline{}_2 \ \overline{}_3 \ \overline{}_4 \ \overline{}_5 \ \overline{}_3 \ \overline{}_6 \ \overline{}_2 \ \overline{}_7 \ \overline{}_6 \ \overline{}_8 \ \overline{}_9 \ \overline{}_{10} \ \overline{}_{11} \ \overline{}_2$

$\overline{}_{12} \ \overline{}_5 \ \overline{}_{13} \ \overline{}_{14} \ \overline{}_2 \ \overline{}_{15} \ \overline{}_5 \ \overline{}_2 \ \overline{}_4 \ \overline{}_{18}$

$\overline{}_{16} \ \overline{}_7 \ \overline{}_{17} \ \overline{}_3 \ \overline{}_5 \ \overline{}_2 \ \overline{}_4 \ \overline{}_8$

4. Une nouvelle aventure

Tu vas passer un an dans une station spatiale. Fais une liste des choses que tu vas emporter avec toi.

Qu'est-ce que tu vas emporter...
- à manger et à boire?
- comme vêtements?
- pour t'amuser?

Qu'est-ce que tu vas emporter d'autre?

Un peu plus...

AU MAROC PAR AVION

AEROPOSTALE

Note culturelle

L'Aéropostale. L'Aéropostale, la compagnie pour laquelle Antoine de Saint-Exupéry travaillait, a été fondée en 1927 et avait pour ambition le transport du courrier[1] entre Toulouse (France) et Santiago (Chili). Cette liaison s'est faite par étapes : d'abord, on a relié Toulouse à Casablanca, puis à Dakar et ensuite au Brésil. C'est en 1930 que la ligne Toulouse-Santiago a été ouverte. A la même époque, d'autres pilotes ont également été pionniers de ces liaisons postales. Aujourd'hui, l'Aéropostale existe toujours sous le nom de Société de transport aéropostal. Cette compagnie transporte le courrier la nuit et des passagers le jour. Elle transporte jusqu'à 63.000 tonnes de courrier et totalise 20.000 heures de vol par an.

1 **Projet**

Avec ta classe, organise une exposition sur l'histoire de l'aviation. Crée de grands posters à thème que tu peux ensuite exposer dans les couloirs[2] de l'école. Tu peux mentionner les premiers avions, les premiers essais de vols, les progrès de l'aviation. N'oublie pas de parler du Concorde. En ce qui concerne les personnes célèbres, fais des recherches sur les frères Wright, Clément Ader, Thérèse Pelletier, Roland Garros, Jean Mermoz...

2 **Expression**

Voler de ses propres ailes

....

1 mail   **2** hallways

5

Avant la lecture
La Dernière Classe

Stratégie

Faire une inférence, c'est se baser sur des faits connus ou des informations données pour arriver à une conclusion sur ce que dit l'auteur. Par exemple, si tu lis «Il habite à Hawaii», tu vas imaginer la mer, le soleil, la plage, les palmiers... En littérature, un auteur ne donne pas toujours toutes les informations. C'est à toi de réfléchir et de déduire[1], à partir de ce que tu connais, les informations que l'auteur ne te donne pas.

Activités

A **Inférences** Lis les deux phrases suivantes. Puis, réponds aux questions suivantes. Quelles inférences fais-tu?

«Comme d'habitude, il a commencé par lire son journal. Mais, tout à coup, sa chaise a cassé[2]. »

1. Est-ce que c'est le matin, l'après-midi ou le soir?

2. Est-ce que le personnage est un jeune garçon ou un homme?

3. Pourquoi la chaise a cassé?

B **La dernière classe** En utilisant le vocabulaire suivant et le titre du chapitre, est-ce que tu peux deviner le thème et imaginer l'histoire que tu vas lire?

dernière	*last*
une punition	*punishment*
le maître	*teacher*
réciter	*to recite*

---

1 to infer **2** broke

La Dernière Classe

Alphonse Daudet (1840–1897) Daudet a commencé à publier à l'âge de 18 ans. Il a eu beaucoup de succès avec la publication de son premier roman, *Le Petit Chose* (1868); suit le célèbre recueil de contes *Les Lettres de mon Moulin* (1869). *Tartarin de Tarascon* est publié en 1872. Ses autres œuvres majeures sont *L'Arlésienne* et les *Contes du Lundi*.

Ce texte est tiré des **Contes du Lundi.** *On est en 1870 et c'est la guerre entre la France et la Prusse (l'Allemagne). Franz est élève dans une école d'Alsace, une région française à la frontière allemande. Ce matin, Franz est en retard. Quand il arrive en classe, ses camarades sont déjà assis et silencieux. Au fond de la classe, des adultes sont assis avec des livres de classe sur leurs genoux[1].*

A. Quelle langue est-ce que les écoliers vont apprendre à partir de maintenant?

« Mes enfants, c'est la dernière fois que je vous fais la classe. L'ordre est venu de Berlin de ne plus enseigner que[2] l'allemand dans les écoles de l'Alsace et de la Lorraine… Le nouveau maître arrive demain. Aujourd'hui, c'est votre dernière leçon de français. Je vous prie d'être bien attentifs. »

Ces quelques paroles me bouleversèrent[3]. Ah ! les misérables, voilà ce qu'ils avaient affiché[4] à la mairie[5].

Ma dernière leçon de français !…

B. Est-ce que le narrateur sait écrire?

C. Qu'est-ce que le narrateur préférait faire au lieu d'aller en classe?

D. Est-ce que maintenant le narrateur aime ses livres? Pourquoi?

E. Qui est M. Hamel?

Et moi qui savais à peine[6] écrire ! Je n'apprendrais donc jamais ! Il faudrait donc en rester là !… Comme je m'en voulais maintenant du temps perdu, des classes manquées à courir les nids[7] ou à faire des glissades[8] sur la Saar ! Mes livres que tout à l'heure encore je trouvais si ennuyeux, si lourds à porter, ma grammaire, mon histoire sainte me semblaient à présent de vieux amis qui me feraient beaucoup de peine à quitter[9]. C'est comme M. Hamel. L'idée qu'il allait partir, que je ne le verrais plus, me faisait oublier les punitions, les coups de règle.

. . . .
1 knees **2 ne… que :** only teach **3** upset me terribly **4** posted **5** townhall
6 barely **7** nests **8** slides **9 qui… quitter :** I'd be sorry to leave behind

Pauvre homme !

C'est en l'honneur de cette dernière classe qu'il avait mis ses beaux habits[1] du dimanche, et maintenant je comprenais pourquoi ces vieux du village étaient venus s'asseoir au bout de la salle. Cela semblait dire qu'ils regrettaient de ne pas y être venus plus souvent, à cette école. C'était aussi comme une façon de remercier notre maître de quarante ans de bons services, et de rendre leurs devoirs à la patrie qui s'en allait…

Pendant la lecture

F. Pourquoi est-ce que le professeur, M. Hamel, a mis ses beaux habits du dimanche?

1 clothes

G. Quelle règle est-ce que Franz doit réciter?

H. Est-ce que M. Hamel est fâché après Franz?

I. Quand M. Hamel parle de «ces gens-là», de qui est-ce qu'il parle?

J. Où allaient les enfants au lieu d'aller à l'école?

K. Qu'est-ce que M. Hamel demandait à ses élèves de faire certains jours?

L. Que pense M. Hamel de la langue française?

M. Que pense Franz de la leçon?

J'en étais là de mes réflexions, quand j'entendis appeler mon nom. C'était mon tour de réciter. Que n'aurais-je pas donné pour pouvoir dire tout au long cette fameuse règle des participes, bien haut, bien clair, sans une faute ? Mais je m'embrouillai[1] aux premiers mots, et je restai debout[2] à me balancer dans mon banc, le cœur gros, sans oser lever la tête. J'entendais M. Hamel qui me parlait :

« Je ne te gronderai[3] pas, mon petit Franz, tu dois être assez puni… voilà ce que c'est. Tous les jours on se dit : « Bah ! j'ai bien le temps. J'apprendrai demain. » Et puis tu vois ce qui arrive… Ah ! ç'a été le grand malheur de notre Alsace de toujours remettre son instruction à demain. Maintenant ces gens-là sont en droit de nous dire : « Comment ! vous prétendiez être Français, et vous ne savez ni lire ni écrire votre langue ! » Dans tout ça, mon pauvre Franz, ce n'est pas encore toi le plus coupable[4]. Nous avons tous notre bonne part de reproches à nous faire.

« Vos parents n'ont pas assez tenu[5] à vous voir instruits. Ils aimaient mieux vous envoyer travailler à la terre ou aux filatures[6] pour avoir quelques sous[7] de plus. Moi-même, n'ai-je rien à me reprocher ? Est-ce que je ne vous ai pas souvent fait arroser mon jardin au lieu de travailler ? Et quand je voulais aller pêcher des truites, est-ce que je me gênais[8] pour vous donner congé[9] ?… »

Alors, d'une chose à l'autre, M. Hamel se mit[10] à nous parler de la langue française, disant que c'était la plus belle langue du monde, la plus claire, la plus solide ; qu'il fallait la garder entre nous et ne jamais l'oublier, parce que, quand un peuple tombe esclave[11], tant qu'il tient bien sa langue, c'est comme s'il tenait[12] la clef de sa prison… Puis il prit une grammaire et nous lut notre leçon. J'étais étonné de voir comme je comprenais. Tout ce qu'il disait me semblait facile, facile. Je crois aussi que je n'avais jamais si bien écouté et que lui non plus n'avait jamais mis autant de patience à ses explications. On aurait dit qu'avant de s'en aller le pauvre homme voulait nous donner tout son savoir, nous le faire entrer dans la tête d'un seul coup.

. . . .

1 became confused   **2** remained standing   **3** will not scold   **4** guilty   **5** insisted
6 spinning mill   **7** pennies   **8** restrain from   **9** day off   **10** started   **11** slave
12 held

La leçon finie, on passa à l'écriture.

[. . .]

Tout à coup, l'horloge[1] de l'église sonna midi, puis l'*Angélus**. Au même moment, les trompettes des Prussiens qui revenaient de l'exercice éclatèrent sous nos fenêtres… M. Hamel se leva, tout pâle, dans sa chaire. Jamais il ne m'avait paru[2] si grand.

« Mes amis, dit-il, mes, je… je… »

Mais quelque chose l'étouffait[3]. Il ne pouvait pas achever sa phrase.

Alors il se tourna vers le tableau, prit un morceau de craie et, en appuyant de toutes ses forces, il écrivit aussi gros qu'il put :

« VIVE LA FRANCE ! »

Puis il resta là, la tête appuyée au mur, et, sans parler, avec sa main, il nous faisait signe :

« C'est fini… allez-vous-en. »

1 clock   **2** seemed   **3** choked

*Prière dite le matin, le midi et le soir.

Pendant la lecture

N. Qu'est-ce qui interrompt la leçon?

O. Quels sont les sentiments de M. Hamel à la fin de la classe?

P. Qu'est-ce que M. Hamel écrit au tableau?

Après la lecture
Activités

1 La bonne réponse

Choisis la bonne réponse et explique ton choix.

1. C'est le dernier jour de classe parce que (qu')…
  a. ce sont les vacances.
  b. c'est la dernière année d'étude.
  c. on ne va plus enseigner le français.
  d. l'école va fermer.

2. M. Hamel est…
  a. le professeur d'allemand.
  b. allemand.
  c. le maître d'école.
  d. un élève.

3. Franz est…
  a. un adulte.
  b. un très bon élève.
  c. un élève moyen.
  d. le maître.

4. Les élèves ne venaient pas toujours en classe parce que (qu')…
  a. les parents les faisaient travailler dans les champs.
  b. l'école était fermée.
  c. le maître était malade.
  d. c'était la guerre.

5. Le maître écrit la phrase « Vive la France ! » sur le tableau parce que (qu')…
  a. il est fier d'être français.
  b. c'est la règle de grammaire.
  c. c'est la leçon d'écriture.
  d. c'est le dernier jour de classe.

2 Phrases à trous

Utilise le vocabulaire qui t'est donné pour compléter les phrases suivantes.

> enseigner   participes   travailler   école
>
> punitions   dernière   filature   coups de règle

1. Aujourd'hui, c'est votre _ _ _ _ _ _ _ _ leçon de français.

2. L'ordre est venu de Berlin de ne plus _ _ _ _ _ _ _ _ _ le français.

3. L'idée que mon professeur allait partir me faisait oublier les _ _ _ _ _ _ _ _ _ et les _ _ _ _ _ _ _ _ _ _ _ _.

4. Vos parents vous envoyaient _ _ _ _ _ _ _ _ _ _ à la terre au lieu de vous envoyer à l' _ _ _ _ _.

5. Quand je récite la règle des _ _ _ _ _ _ _ _ _ _, je m'embrouille au premier mot.

3 Inférences

Quand tu lis une phrase, elle évoque souvent une image et te fait penser à quelque chose. Par conséquent, tu fais des inférences sur le texte. En t'aidant du tableau ci-dessous, réponds aux questions suivantes. Ecris tes réponses dans la première colonne en reprenant des phrases du texte. Puis complète les deux autres colonnes du tableau :

1. Pourquoi est-ce que M. Hamel enseigne sa dernière leçon de français?

2. Pourquoi est-ce que tout ce que M. Hamel disait à ses élèves semblait «facile, facile»?

3. Pourquoi est-ce que M. Hamel ne pouvait pas achever sa phrase?

	ce que dit le texte	ce que tu penses	ce que tu en déduis
1.			
2.			
3.			

4 Composition

1. Imagine que tu vas habiter en France. Tous tes cours vont être en français. Tu vas devoir apprendre à étudier les maths, la physique, la biologie en français… Quels sont tes sentiments? Est-ce que tu es content(e)? Est-ce que tu es anxieux(-euse)?

2. La plupart des gens qui habitent en Alsace ou en Lorraine sont bilingues français-allemand. Est-ce que tu connais des personnes bilingues, trilingues… ? A ton avis, quels sont les avantages de parler plusieurs langues étrangères?

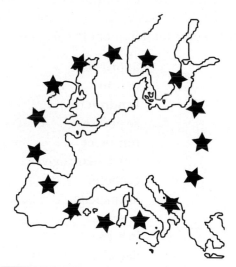

Avant la lecture
En pleine lucarne

Philippe Delerm est né en 1950. Il est professeur dans un collège de Normandie où il enseigne et où il anime un club théâtre. Il a publié une vingtaine de livres et il a reçu le prix des Libraires en 1997 pour son roman *Sundborn ou les jours de lumière*. Mais c'est grâce à son livre *La Première Gorgée de bière et autres plaisirs minuscules* qu'il se fait réellement connaître.

Activité

Imagine l'endroit Dans le texte suivant, le professeur de français demande à ses élèves de faire une description de leur région. L'un des élèves pense à un endroit en particulier. En te basant sur le vocabulaire ci-dessous, peux-tu, en quelques phrases, imaginer l'endroit décrit par le narrateur?

apprivoiser	*to tame*
le coin	*corner, area*
l'endroit (m.)	*place*
se perdre	*to get lost*
retrouver	*to find again*
une fenêtre ogivée	*vaulted window*
câché(e)	*hidden*
la chapelle	*chapel*
le sentier	*path*
la biche	*doe*
détruire	*to destroy*
le vitrail	*stained glass*

En pleine lucarne

*Le texte que tu vas lire est un extrait du roman **En pleine lucarne**. Dans ce texte, le narrateur raconte son premier cours avec son nouveau professeur de français.*

Quand j'avais vu sur le tableau noir, dans le hall, le nom de monsieur Fournier en face de l'activité « football », j'avais été plutôt surpris. Monsieur Fournier était mon nouveau prof de français. Il était jeune, venait de la région parisienne, et comme première rédaction[1], précisément, il nous avait donné ce sujet : « Mon professeur arrive de Paris. Je lui décris[2] un lieu de la région, et je lui donne envie d'y aller. »

La plupart des élèves avaient trouvé que c'était un sujet bateau[3], et ils avaient parlé d'un des grands « classiques » touristiques du coin : la maison de Monet à Giverny, le port d'Honfleur, ou l'abbaye du Bec Hellouin. Moi, je n'avais pas vu le devoir comme ça. Sans que je sache[4] trop pourquoi, la façon d'être de monsieur Fournier me mettait en confiance[5]. J'avais senti qu'il

A. Quel est le sujet de la première rédaction donnée par monsieur Fournier?

B. Quels sont les sites touristiques de la région que la plupart des élèves décrivent?

1 essay   **2** describe   **3** sujet bateau : common place   **4** Sans que je sache : not knowing   **5** confidence

C. Pourquoi est-ce que le narrateur ne traite pas le sujet de la même façon que les autres élèves?

D. Quel endroit est-ce que le narrateur décrit?

E. Qu'est-ce que le narrateur a vu un matin à côté de la chapelle?

F. Qu'est-ce que le narrateur lisait?

G. Est-ce que le narrateur a eu une bonne note à sa rédaction?

H. Est-ce que le professeur a trouvé la chapelle? Qu'est-ce qu'il a trouvé d'autre?

I. Comment est-ce que l'attitude du narrateur envers l'école a changé?

n'avait pas envie d'un dépliant publicitaire[1], mais d'une évocation personnelle qui puisse lui donner quelques repères[2] dans cette région qu'il découvrait.

Aussi lui avais-je parlé de cette chapelle abandonnée, cachée au plus profond[3] de la forêt, qui était pour moi un endroit secret. Je l'avais découverte un jour par hasard, en me perdant, et pendant très longtemps, je n'avais pas su la retrouver. Par la suite, quand j'avais apprivoisé les sentiers qui menaient[4] à la chapelle, j'étais venu là souvent, quand j'avais envie d'être seul. Un matin très tôt, j'y avais même vu des biches. La chapelle était en partie détruite, mais il y avait à l'intérieur des coins d'ombre où l'on pouvait s'asseoir et regarder danser le vert des arbres par les fenêtres ogivées, dont les vitraux avaient disparu.

J'avais toujours été mauvais en rédaction, comme partout. Je ne lisais pas de livres. Seulement des articles sportifs, dans *L'Equipe* ou *Paris-Normandie*. Mais là, pour la première fois, je n'y songeai même pas[5] en faisant mon devoir. Monsieur Fournier était nouveau. Il ne m'avait pas classé d'avance, comme les autres profs. A l'oral, il m'avait déjà encouragé, quand je participais à une explication de texte. Pour répondre à ses questions, il n'y avait pas besoin de grandes connaissances. Il suffisait de sentir quelque chose, et si l'on osait[6] parler, on avait gagné d'avance. Alors voilà, pour ce premier devoir écrit, je n'avais pas eu l'impression de faire une rédaction, mais l'envie de dire un peu ma vie, avec soudain le sentiment qu'elle pouvait intéresser les autres. 13 à ma première rédac, malgré des fautes de syntaxe et beaucoup de fautes d'orthographe, cela aussi avait été nouveau pour moi ! Mais ce qui me fit le plus plaisir, ce fut de voir monsieur Fournier s'approcher de moi, le lundi suivant, à la fin des cours, et me glisser[7] :

— Les renseignements[8] étaient bons. Je l'ai trouvée, ta chapelle. Et aussi un plein panier de cèpes[9], juste à côté.

J'étais resté penaud[10], sans rien trouver à répondre. Parler avec les profs après les cours, ce n'était pas trop mon style. Mais, depuis, ma façon de voir l'école avait un peu changé. Si je pouvais être assez bon en français, cela serait peut-être possible de limiter les dégâts[11] en histoire-géo, en anglais… Et tant pis si les maths restaient encore indéchiffrables…

. . . .

1 publicity leaflet   **2** landmarks   **3** in the depth of   **4** led   **5** had not even considered   **6** dared   **7** whisper to me   **8** information   **9** **plein... cèpes :** full basket of ceps (a type of edible mushroom)   **10** sheepish   **11** **limiter les dégats :** to stop things from getting worse

Après la lecture
Activités

1 Vrai ou faux?
Lis les phrases suivantes. Est-ce qu'elles sont vraies ou fausses ?
Justifie ta réponse.

vrai	faux	
☐	☐	**1.** M. Fournier est le nouveau professeur de maths.
☐	☐	**2.** Le narrateur a découvert la chapelle par hasard.
☐	☐	**3.** Le narrateur va rarement à la chapelle.
☐	☐	**4.** Le narrateur lit beaucoup de romans.
☐	☐	**5.** Le narrateur est mauvais en orthographe.

2 Vocabulaire en contexte
Complète les phrases suivantes.

biches   profond   rédaction

secret   confiance   coins

1. Au plus _ _ _ _ _ _ _ de la forêt, j'ai vu des _ _ _ _ _ _
près de la chapelle.

2. Je vais écrire une _ _ _ _ _ _ _ _ _ sur la région Parisienne.

3. J'ai _ _ _ _ _ _ _ _ _ en mon meilleur ami, mais je ne veux
pas lui prêter ma voiture.

4. Quand Philippe veut être seul, il se cache dans un endroit

_ _ _ _ _ _.

5. Dans la chapelle, il y avait des _ _ _ _ _ d'ombre.

3 Exprime-toi!
Comme le narrateur, tu as un nouveau professeur et il te demande
d'écrire une rédaction dont le sujet est : «Mon professeur arrive de Paris.
Je lui décris un lieu de ma région, et je lui donne envie d'y aller.»

Un peu plus...

Note d'histoire

L'histoire racontée dans «la dernière classe» se passe en France à la fin de la guerre[1] franco-prussienne, aussi appelée la guerre de 1870.

La guerre de 1870 est souvent oubliée au profit de la Première Guerre mondiale (1914–1918) ou de la Seconde Guerre mondiale (1939–1945). Cette guerre a été courte (à peine six mois) et s'est déroulée principalement en France.

En 1870, c'est le Second Empire et la France est dirigée par Napoléon III. La France déclare la guerre à la Prusse le 19 juillet 1870 après un malentendu[2] diplomatique. Mais l'armée française est mal préparée et les défaites[3] se succèdent. L'une des défaites les plus marquantes est celle de Sedan, le 1er septembre 1870. La ville est encerclée et l'Empereur est fait prisonnier. Il est obligé d'abdiquer[4] et il s'exile. Un nouveau gouvernement est formé et la Troisième République est proclamée. Mais la guerre continue. Paris est occupé par la Prusse du 19 septembre 1870 au 28 janvier 1871. Les Parisiens meurent de faim et la France est obligée de capituler. Le traité de paix est signé à Francfort le 10 mai 1870. C'est alors que la France perd l'Alsace et une partie de la Lorraine.

1 As-tu compris?

Relis la note d'histoire et réponds aux questions suivantes.

1. Quel est l'autre nom donnée à la guerre de 1870?

2. Quel pays déclare la guerre?

3. Quel pays perd la bataille de Sedan?

4. Combien de temps dure le siège de Paris?

5. Quelles sont les conséquences de la défaite pour la France?

2 Expressions

Dans le texte «La dernière classe», Franz préfère aller courir dans les champs au lieu d'aller à l'école. On dit qu'il **fait l'école buissonnière.** Trouve la traduction des expressions suivantes.

1. faire l'école buissonnière   **a.** *easy as pie*

2. sécher un cours   **b.** *to play hooky*

3. simple comme bonjour   **c.** *to skip class*

1 war   **2** misunderstanding   **3** defeats   **4** surrender

Chapitre

6 *Avant la lecture*
Un drôle de fantôme

Interroger le texte Les bons lecteurs se posent toujours des questions quand ils lisent. Qu'ils lisent un roman policier, une bande dessinée, un magazine ou un texte littéraire, ils s'interrogent sur le titre, les illustrations et le texte. En lisant *Un drôle de fantôme,* note ce qui te semble important ou intéressant. Pense au titre et aux personnages : est-ce qu'il y a quelque chose de bizarre, d'intéressant? Est-ce que les illustrations t'apprennent quelque chose?

Vocabulaire

Voici quelques mots qui vont t'aider à comprendre l'histoire.

au secours *help*

se cacher *to hide*

un drôle de bruit *strange noise*

le fantôme *ghost*

le bureau *office or desk*

nulle part *nowhere*

la peur *fear*

le château *castle*

Regarde cette liste de vocabulaire. Tu peux déjà formuler des hypothèses sur le texte qui va suivre. Peux-tu imaginer ce qui va se passer, le décor, les personnages, l'atmosphère?

Activité

A toi! *Un drôle de fantôme* raconte les aventures de Simon. Simon passe ses vacances d'été avec ses cousins dans le vieux château de famille. Le jour de son arrivée, il entend des bruits bizarres. Il veut savoir ce qui se passe… Et toi, si tu étais à sa place, est-ce que tu serais aussi curieux(-euse) que Simon? Qu'est-ce que tu ferais?

Un drôle de fantôme

A. Où est-ce que les trois cousins passent leurs vacances?

B. Qui n'est pas au repas?

Trois cousins, Océane, Simon et Joachim, passent leurs vacances d'été dans le château de leur oncle et de leur tante à la campagne. C'est un grand château où il y a plus de trente pièces. Le jour de leur arrivée, Tante Clarisse et les trois cousins font un pique-nique au bord du lac. Leur oncle n'est pas venu avec eux. Tante Clarisse leur dit qu'il a du travail au château. Le soir, les cousins et leur tante discutent de leur journée pendant le repas. Oncle Alexis n'est toujours pas là.

LA TANTE   Alors, ça vous a plu, ce pique-nique?

OCEANE   Oui, c'était sensass!

LA TANTE   Et toi, Simon, tu t'es bien amusé?

SIMON   Euh... oui beaucoup... Mais, où est Oncle Alexis? Il ne dîne pas avec nous?

LA TANTE   Oh, je pense qu'il est toujours dans son bureau. Tu sais, il travaille beaucoup en ce moment.

L'heure d'aller se coucher arrive. Océane est très fatiguée et elle s'endort tout de suite. Joachim est en train de lire un roman quand quelqu'un frappe[1] à sa porte. Simon entre très vite sans même attendre la réponse de son cousin. Il a l'air bizarre.

C. Qui est-ce qui frappe à la porte de Joachim? Pourquoi?

JOACHIM   Ben, qu'est-ce qui t'arrive? Tu es tout pâle! On dirait que tu as vu un fantôme!

SIMON   Presque. Je n'ai pas vu de fantôme, mais je crois bien que j'en ai entendu un.

1 knocks

JOACHIM	Quoi? Mais qu'est-ce que tu racontes?!
SIMON	J'étais dans ma chambre et j'essayais de dormir. Bref... Tout à coup, j'ai entendu un drôle de bruit qui venait du troisième étage. C'était comme si quelqu'un marchait en essayant de ne pas faire de bruit. Mais, je l'ai quand même entendu, moi! Au troisième étage, tu te rends compte[1]!

JOACHIM	Et alors?
SIMON	Mais enfin, tu sais bien qu'il n'y a pas de troisième étage! Le château a seulement deux étages!
JOACHIM	Ça venait du grenier[2], alors. Je ne vois pas ce qu'il y a de bizarre.
SIMON	Pourquoi quelqu'un se promènerait dans le grenier à dix heures du soir?
JOACHIM	Je ne sais pas moi. Peut-être que Tante Clarisse et Oncle Alexis avaient besoin de quelque chose qui était dans le grenier.
SIMON	Justement, puisqu'on parle de lui. On ne l'a pas encore vu. Tu ne trouves pas ça étrange, toi?
JOACHIM	Non, pas vraiment. Tante Clarisse a dit qu'il travaillait.
SIMON	Eh bien, moi, je ne trouve pas ça normal du tout.

· ·

1 tu... compte : do you realize what it means? **2** attic

Chapitre 6 **47**

Pendant la lecture

D. Qu'est-ce que Simon a entendu?

E. Qu'est-ce que Joachim dit pour expliquer le bruit dans le grenier?

JOACHIM	Ecoute, vraiment, tu imagines des choses! Tu regardes trop la télé, si tu veux mon avis. Pourquoi tu ne retournes pas te coucher? Et demain, on demandera à Tante Clarisse si quelqu'un est monté au grenier, d'accord?
SIMON	Comme tu veux... Tu ne me crois pas, très bien. En tout cas, à mon avis, ça cache quelque chose.
JOACHIM	Bonne nuit, Simon, et à demain matin.

Simon retourne alors dans sa chambre, mais il est sûr d'avoir découvert quelque chose de mystérieux. Le lendemain matin, les cousins prennent le petit déjeuner avec Tante Clarisse. Toujours pas d'Oncle Alexis.

SIMON	Dis-moi, Tante Clarisse, quand est-ce qu'on va voir Oncle Alexis?
LA TANTE	Oh, ce matin ou cet après-midi sûrement. Tu sais, il est très occupé.
SIMON	Je vois... Au fait, tu cherchais quelque chose au grenier hier soir?
LA TANTE	Non, pourquoi?
SIMON	Rien de spécial. J'ai entendu du bruit.
LA TANTE	Ça m'étonnerait. Personne ne va au grenier. Le bruit devait sûrement venir d'ailleurs... Alors, qu'est-ce que vous voulez faire aujourd'hui?
OCEANE	Pourquoi pas faire un circuit des châteaux de la région?
LA TANTE	Bonne idée. Il y en a un vraiment superbe tout près d'ici : c'est le château de Monteminar. Ça vous intéresse?
JOACHIM	Génial!
SIMON	Moi, je suis un peu fatigué. Je crois que je vais rester ici.
LA TANTE	C'est dommage, mais si tu es fatigué, tu fais comme tu veux.

Océane, Joachim et Tante Clarisse partent. Simon a décidé de découvrir ce qui se passe au château. Toute la journée, il inspecte le château. Rien. Et toujours pas d'Oncle Alexis... Pendant la journée, Joachim raconte l'histoire de Simon à Tante Clarisse et à Océane. Ils ont une discussion très intéressante...

LA TANTE   Alors, surtout, ne lui dites rien, d'accord?

JOACHIM   Tu peux compter sur nous. On va bien rigoler[1]!

Le soir, Simon demande à Océane et à Joachim d'aller faire un tour dans le jardin avec lui parce qu'il veut leur parler.

SIMON   Je crois que je sais ce qui se passe ici.

OCEANE   Ah oui? Joachim m'a raconté ton histoire de fantôme. Alors, tu l'as trouvé?

SIMON   Non, pas encore, mais à mon avis, c'est Oncle Alexis, le fantôme.

JOACHIM   Quoi? Mais tu racontes vraiment n'importe quoi!

SIMON   Ah oui? Ecoute un peu. Aujourd'hui, j'ai fait tout le tour du château. Je suis entré dans toutes les pièces, ou plutôt, presque toutes les pièces... Le grenier était fermé à clé[2], comme par hasard[3]. Et il y avait toutes sortes de bruits là-dedans. En plus, Oncle Alexis n'était nulle part.

OCEANE   Il est sûrement sorti pour la journée et il va bientôt rentrer.

SIMON   Je ne crois pas. Moi, je pense qu'il est mort et que c'est son fantôme qu'on entend dans le grenier.

JOACHIM   Tu plaisantes, j'espère! C'est une histoire de fou!

SIMON   Pas du tout. Ça expliquerait pourquoi on ne le voit jamais.

- -

1 to laugh   **2** locked   **3** just so happens

J. A ton avis, de quoi est-ce que Joachim, Océane et Tante Clarisse ont discuté?

K. D'après Simon, qui est le fantôme?

L. Qu'est-ce que Simon a fait dans le château?

M. Quelle est la théorie de Simon?

N. Qu'est-ce que Tante Clarisse demande à Simon?

O. Qu'est-ce que Simon trouve sur la table?

P. Qu'est-ce que Simon fait?

Q. Qui est dans le grenier? Pourquoi?

R. Qu'est-ce qu' Oncle Alexis a fait les trois derniers jours?

OCÉANE   A mon avis, il y a sûrement une explication beaucoup plus logique! Et toi, Simon, tu as vraiment trop d'imagination.

Le lendemain après-midi Oncle Alexis n'est toujours pas là. Tante Clarisse demande à Simon de l'accompagner au village pour l'aider à faire ses courses. Quand Tante Clarisse et Simon reviennent, Océane et Joachim sont dans la cuisine. Tante Clarisse demande à Simon d'aller chercher le lait et le fromage dans la voiture. Quand Simon revient dans la cuisine… il n'y a plus personne! Il trouve un petit mot sur la table.

QUELQUE CHOSE DE TERRIBLE EST ARRIVE. AU SECOURS! SURTOUT, NE MONTE PAS AU GRENIER!

Simon se demande ce qui est arrivé. Il appelle sa tante. Rien. Il appelle ses cousins. Rien. Aucune réponse. Il a très peur, mais il décide quand même d'aller voir au grenier. Il monte les escaliers sans faire de bruit. Quand il arrive devant la porte du grenier, la clé est là, sur la porte. Il ouvre la porte doucement. Elle fait un bruit affreux[1]. Dans le grenier, tout est noir. On n'entend pas un bruit. Simon respire très fort. Il a de plus en plus peur. Il cherche la lumière[2] quand, tout à coup, tout s'allume[3].

OCÉANE   SURPRISE! Bon anniversaire, Simon!

Simon regarde autour de lui. Océane, Joachim et Tante Clarisse sont là. Oncle Alexis aussi. Et tous les copains d'école… Le grenier est superbe! Il y a toutes sortes de décorations et des cadeaux partout. Sur la table , il y a un énorme gâteau au chocolat. Oncle Alexis a monté sa chaîne stéréo.

JOACHIM   Alors, qu'est-ce que tu en penses, Simon? Une vraie surprise, hein?

SIMON   Ben… euh… c'est-à-dire que…

LA TANTE   Tu vois, Simon, on voulait te faire une surprise pour ton anniversaire. Ton oncle a passé les trois derniers jours dans le grenier pour le transformer en salle de fête. Qu'est-ce que tu en dis? Ça te plaît?

OCÉANE   C'est pour ça que tu entendais des bruits au grenier. Oncle Alexis est un super fantôme, non?

L'ONCLE   Bouhhhh!!!! Bon anniversaire, Simon!

1 dreadful   2 light   3 is turned on

Après la lecture
Activités

1 **Dans le bon ordre**

Remets l'histoire dans l'ordre chronologique.

___ **a.** Tante Clarisse part faire des courses.

___ **b.** Les trois cousins arrivent au château pour les vacances d'été.

___ **c.** Quand il entre dans la cuisine, Simon trouve un petit mot sur la table.

___ **d.** Simon monte les escaliers pour aller au grenier et découvrc la surprise.

___ **e.** Tante Clarisse, Océane et Joachim vont visiter le château de Monteminar.

___ **f.** Les trois cousins et tante Clarisse prennent leur petit déjeuner.

___ **g.** Tante Clarisse et les trois cousins font un pique-nique.

___ **h.** Simon dit à Joachim qu'il a entendu un bruit étrange dans le grenier.

___ **i.** Simon dit à Océane et Joachim qu'il croit que le fantôme est leur oncle Alexis.

___ **j.** Simon va chercher le lait et le fromage dans la voiture.

2 **En contexte**

Complète chaque phrase avec le mot qui convient.

bureau   clé   pièces

oubliettes   mot   cuisine

1. Oncle Alexis travaille beaucoup dans son _____.

2. Il a exploré presque toutes les _____ du château.

3. Joachim n'est pas descendu dans les _____ parce qu'il y faisait trop noir.

4. La porte du grenier était fermée à _____.

5. Simon a trouvé un _____ sur la table de la _____.

3 **As-tu compris?**

1. Pourquoi est-ce que l'oncle n'est pas venu au pique-nique?

2. Pourquoi est-ce que Tante Clarisse demande à Joachim et à Océane de ne rien dire à Simon?

3. Comment est-ce que Joachim réagit[1] quand Simon lui dit qu'il croit[2] que leur oncle est mort et qu'il a entendu son fantôme?

4. Pourquoi est-ce que Tante Clarisse a oublié le lait et le fromage dans la voiture?

4 Mon journal

Après sa conversation avec Joachim le premier soir, Simon retourne dans sa chambre. Il écrit ce qui s'est passé dans son journal, mais il a tellement peur qu'il écrit quelques mots dans le mauvais ordre. Mets les mots soulignés dans le bon ordre.

Cher Journal,

1. <u>grand passe dans les d'été Je vacances château un</u>. C'est le château de mon oncle Alexis et de ma tante Clarisse. Au fait, je n'ai pas encore vu Oncle Alexis. 2. <u>ce beaucoup Clarisse moment qu'il travaille Tante dit en</u>. Ce soir, l'heure d'aller se coucher est arrivée. 3. <u>bruit ma J'étais entendu quand j'ai chambre un drôle dans de</u>. Joachim a dit que le bruit devait venir du grenier. 4. <u>rends Du tu compte grenier, te!</u> Peut-être qu'il y a un fantôme. 5. <u>très j'ai fantômes peur sais, des Tu!</u> Mais, demain, je vais mener l'enquête. 6. <u>logique sûrement y une explication a Il</u>. C'est bizarre. Quand j'ai parlé à Joachim, il était très calme. 7. <u>ne normal trouve Je ça pas</u>. Je vais essayer de dormir, mais l'histoire n'est pas finie! 8. <u>moi peux sur Tu compter</u>.

5 Bouhhhh!!!

Océane, Simon et Joachim ont trouvé un drôle de message dans le grenier du château. C'est un message codé. Aide-les à déchiffrer le message. Attention! Certaines lettres n'ont pas de code. Tu vas devoir les deviner.

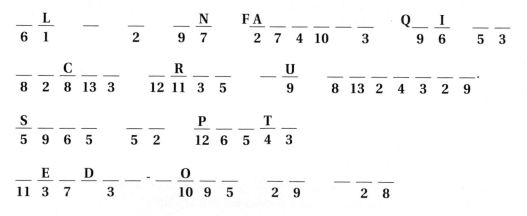

Un peu plus...

Note culturelle

Une journée typique du roi Louis XIV à Versailles

	Lever	Réveil du Roi. Médecins, familiers et favoris sont présents. Le Roi déjeune lors du Grand Lever en présence des plus grands personnages du royaume.
	Messe[1]	Le public peut voir le Roi quand il traverse la Galerie des Glaces pour aller à la Chapelle. La messe dure une demi-heure environ.
	Conseil[2]	Le Roi tient conseil dans son Cabinet. Le dimanche, le lundi et le mercredi, c'est le Conseil d'Etat. Le mardi et le samedi, c'est le Conseil des Finances. Le jeudi est réservé aux audiences particulières et à l'inspection des bâtiments. Le vendredi, le Roi se confesse.
	Dîner au petit couvert	Le Roi mange seul à table. Quelques Grands Officiers ou Princes de Sang peuvent être présents mais ils restent debout. Le frère du Roi est parfois invité à partager son dîner.
	Promenade ou chasse[3]	La promenade se fait soit à pied, soit en calèche dans les jardins. La chasse se déroule dans les forêts qui entourent le parc.
	Appartement ou travail	Le Roi signe de nombreuses lettres préparées par son secrétaire, puis il va chez Madame de Maintenon pour parler de dossiers[4] importants.
	Souper au grand couvert	Le Roi accueille à sa table les Princes et les Princesses de la Famille Royale.
	Coucher	Le rite du Coucher est le même que celui du Lever.

1 mass   **2** council   **3** hunting   **4** files, cases

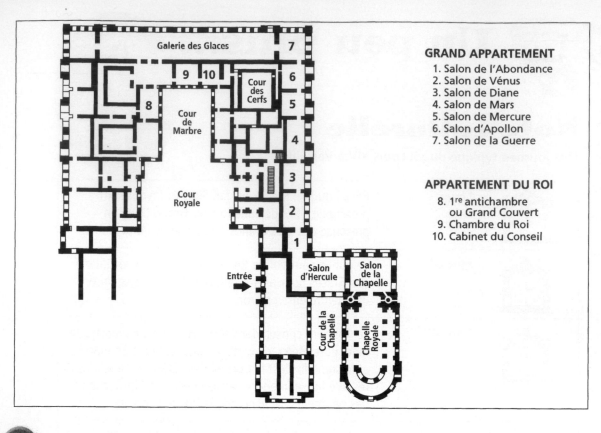

GRAND APPARTEMENT
1. Salon de l'Abondance
2. Salon de Vénus
3. Salon de Diane
4. Salon de Mars
5. Salon de Mercure
6. Salon d'Apollon
7. Salon de la Guerre

APPARTEMENT DU ROI
8. 1re antichambre
   ou Grand Couvert
9. Chambre du Roi
10. Cabinet du Conseil

 Une journée du roi

En t'aidant de la carte du château de Versailles, est-ce que tu peux retracer une journée typique de Louis XIV?

2 Proverbe

Il a peur de son ombre.

Chapitre

7

Avant la lecture
Le Malade[1] imaginaire

Stratégie

Résumer un texte Résumer, c'est raconter brièvement ce que tu viens de lire en reprenant l'idée principale et les détails essentiels. Quand tu résumes un texte, tu dois seulement parler de ce qui est très important pour comprendre l'histoire. Savoir résumer va t'aider à comprendre et à te rappeler ce que tu as lu. En faisant un résumé, tu vas aussi apprendre à analyser et à mieux évaluer le texte.

Vocabulaire

Le texte qui suit est tiré du ***Malade imaginaire,*** pièce de Molière écrite en 1673. Tu vas peut-être trouver le vocabulaire difficile parce qu'il est parfois archaïque. Voici quelques mots ou expressions qui vont t'aider à mieux comprendre le texte :

cela est admirable *that is surprising*
une défluxion *swelling, inflamation*
une fièvre *fever*
la fièvre pourprée *eruptive fever*

un sang subtil *diluted blood*
l'hydropisie (f.) *edema*
la peste *plague*
une fiévrotte *light fever*

Activité

Qu'est-ce qui s'est passé?
Lundi matin, quelques minutes avant les cours, tu retrouves tes amis devant l'école. Tu as une jambe dans le plâtre[2]; tu leur racontes en quelques mots tes aventures du week-end!

1 sick person   **2** cast

Le Malade imaginaire

Jean-Baptiste Poquelin, dit **Molière,** auteur comique français, est né à Paris en 1622. A l'âge de 21 ans, il décide de se consacrer au théâtre. Molière a créé de nombreuses comédies. Pour divertir la Cour de Louis XIV et le public parisien, il utilise des effets comiques et il invente des personnages qui sont universels et éternels. Molière meurt pendant une représentation du *Malade imaginaire*, rôle qu'il interprète sur scène. Il avait 51 ans.

Argan, «malade imaginaire» entouré de médecins et de potions, rêve d'un gendre...[1] médecin[2] pour l'avoir toujours près de lui. Sa fille Angélique est amoureuse de Cléante, qui n'est pas médecin. La servante Toinette, seule personne à défier[3] ouvertement Argan, va essayer d'aider les amoureux. Le plus important est de dégoûter le malade de son médecin[4] qui veut lui imposer comme gendre Thomas Diafoirus, futur médecin. Toinette se déguise en médecin pour soigner à sa manière son maître Argan...

A. Qui est Toinette? Comment est-elle déguisée?

ACTE III, SCENE X.
TOINETTE, *en médecin ;* ARGAN, BERALDE

TOINETTE   Monsieur, je vous demande pardon de tout mon cœur.

ARGAN   Cela est admirable !

B. Comment est-ce que Toinette flatte Argan?

TOINETTE   Vous ne trouverez pas mauvais, s'il vous plaît, la curiosité que j'ai eue de voir un illustre malade comme vous êtes ; et votre réputation, qui s'étend partout, peut excuser la liberté que j'ai prise.

. . . .
1 son-in-law   **2** doctor   **3** defy   **4** dégoûter... médecin : to make the patient tired of his doctor

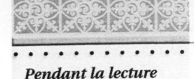

ARGAN   Monsieur, je suis votre serviteur.

TOINETTE   Je vois, Monsieur, que vous me regardez fixement. Quel âge croyez-vous bien que j'aie ?

ARGAN   Je crois que tout au plus vous pouvez avoir vingt-six ou vingt-sept ans.

TOINETTE   Ah ! ah ! ah ! ah ! ah ! j'en ai quatre-vingt-dix.

ARGAN   Quatre-vingt-dix ?

TOINETTE   Oui. Vous voyez un effet des secrets de mon art, de me conserver ainsi frais et vigoureux.

ARGAN   Par ma foi ! voilà un beau jeune vieillard[1] pour quatre-vingt-dix ans.

Pendant la lecture

C. Quel âge a le médecin? Comment est-ce qu'il justifie son âge?

D. Qu'est-ce qu'Argan pense du médecin?

TOINETTE   Je suis médecin passager, qui vais de ville en ville, de province en province, de royaume en royaume, pour chercher d'illustres matières à ma capacité, pour trouver des malades dignes de m'occuper, capables d'exercer les grands et beaux secrets que j'ai trouvés dans la médecine.

E. Pourquoi est-ce que ce médecin voyage beaucoup?

----

1 old man

Chapitre 7

F. Quelles sont les maladies que le médecin ne veut pas soigner?

G. Quelles sont les maladies qu'il veut soigner?

H. Pourquoi est-ce que le médecin voudrait qu'Argan ait toutes ces maladies?

I. Comment s'appelle le médecin habituel d'Argan?

J. D'après le médecin, de quoi est-ce qu'Argan souffre?

Je dédaigne[1] de m'amuser à ce menu fatras[2] de maladies ordinaires, à ces bagatelles[3] de rhumatisme et défluxions, à ces fiévrottes, à ces vapeurs, et à ces migraines. Je veux des maladies d'importance : de bonnes fièvres continues avec des transports au cerveau, de bonnes fièvres pourprées, de bonnes pestes, de bonnes hydropisies formées, de bonnes pleurésies avec des inflammations de poitrine[4] : c'est là que je me plais, c'est là que je triomphe ; et je voudrais, Monsieur, que vous eussiez[5] toutes les maladies que je viens de dire, que vous fussiez abandonné[6] de tous les médecins, désespéré, à l'agonie, pour vous montrer l'excellence de mes remèdes, et l'envie que j'aurais de vous rendre service.

ARGAN   Je vous suis obligé, Monsieur, des bontés[7] que vous avez pour moi.

TOINETTE   Donnez-moi votre pouls[8]. Allons donc, que l'on batte comme il faut. Ahy, je vous ferai bien aller comme vous devez. Hoy, ce pouls-là fait l'impertinent : je vois bien que vous ne me connaissez pas encore. Qui est votre médecin ?

ARGAN   Monsieur Purgon.

TOINETTE   Cet homme-là n'est point[9] écrit sur mes tablettes entre les grands médecins. De quoi dit-il que vous êtes malade ?

ARGAN   Il dit que c'est du foie[10], et d'autres disent que c'est de la rate[11].

TOINETTE   Ce sont tous des ignorants : c'est du poumon[12] que vous êtes malade.

ARGAN   Du poumon ?

TOINETTE   Oui. Que sentez-vous ?

ARGAN   Je sens de temps en temps des douleurs[13] de tête.

TOINETTE   Justement, le poumon.

. . . .

1 despise   **2** jumbled   **3** small things   **4** chest   **5** that you had   **6** that you be abandoned   **7** kindness   **8** pulse   **9** is not   **10** liver   **11** spleen   **12** lung   **13** pain

ARGAN   Il me semble parfois que j'ai un voile devant les yeux.

TOINETTE   Le poumon.

ARGAN   J'ai quelquefois des maux de cœur[1].

TOINETTE   Le poumon.

ARGAN   Je sens parfois des lassitudes par tous les membres.

TOINETTE   Le poumon.

ARGAN   Et quelquefois, il me prend des douleurs dans le ventre, comme si c'était des coliques.

TOINETTE   Le poumon. Vous avez appétit à ce que vous mangez ?

ARGAN   Oui, Monsieur.

TOINETTE   Le poumon. Vous aimez à boire un peu de vin[2] ?

ARGAN   Oui, Monsieur.

TOINETTE   Le poumon. Il vous prend un petit sommeil[3] après le repas et vous êtes bien aise de dormir ?

K. Quels sont les symptômes de la maladie d'Argan?

L. Est-ce qu'Argan a de l'appétit?

1 chest pain   2 wine   3 sleepiness

M. Qu'est-ce que Monsieur Purgon ordonne à Argan de manger?

N. Qu'est-ce que le médecin passager pense de ce régime? Qu'est-ce qu'il ordonne au malade de manger et de boire?

O. Comment est-ce que le médecin passager juge le médecin d'Argan?

ARGAN   Oui, Monsieur.

TOINETTE   Le poumon, le poumon, vous dis-je. Que vous ordonne votre médecin pour votre nourriture?

ARGAN   Il m'ordonne du potage[1].

TOINETTE   Ignorant.

ARGAN   De la volaille.

TOINETTE   Ignorant.

ARGAN   Du veau.

TOINETTE   Ignorant.

ARGAN   Des bouillons.

TOINETTE   Ignorant.

ARGAN   Des œufs frais.

TOINETTE   Ignorant.

ARGAN   Et le soir de petits pruneaux[2] pour lâcher[3] le ventre.

TOINETTE   Ignorant.

ARGAN   Et surtout de boire mon vin fort trempé.

TOINETTE   *Ignorantus, ignoranta, ignorantum.* Il faut boire votre vin pur ; et pour épaissir[4] votre sang qui est trop subtil[5], il faut manger de bon gros bœuf, de bon gros porc, de bon fromage de Hollande, du gruau[6] et du riz, et des marrons et des oublies[7], pour coller et conglutiner. Votre médecin est une bête. Je veux vous en envoyer un de ma main, et je viendrai vous voir de temps en temps, tandis que[8] je serai en cette ville.

ARGAN   Vous m'obligez beaucoup.

TOINETTE   Que diantre faites-vous de ce bras-là ?

ARGAN   Comment ?

TOINETTE   Voilà un bras que je me ferais couper tout à l'heure, si j'étais que de vous.

. . . .

1 soup **2** prunes **3** loosen **4** thicken **5** thin **6** oatmeal **7** cookies
8 tandis que : while

ARGAN   Et pourquoi ?

TOINETTE Ne voyez-vous pas qu'il tire[1] à soi toute la
          nourriture, et qu'il empêche ce côté-là de
          profiter ?

ARGAN   Oui ; mais j'ai besoin de mon bras.

TOINETTE Vous avez là aussi un œil droit que je me ferais
          crever[2], si j'étais en votre place.

ARGAN   Crever un œil ?

TOINETTE Ne voyez-vous pas qu'il incommode[3] l'autre,
          et lui dérobe sa nourriture ? Croyez-moi,
          faites-vous-le crever au plus tôt, vous en
          verrez plus clair de l'œil gauche.

ARGAN   Cela n'est pas pressé.

TOINETTE Adieu. Je suis fâché[4] de vous quitter si tôt ; mais
          il faut que je me trouve à une grande
          consultation qui se doit faire pour un homme
          qui mourut[5] hier.

ARGAN   Pour un homme qui mourut hier ?

TOINETTE Oui, pour aviser[6] et voir ce qu'il aurait fallu lui
          faire[7] pour le guérir[8]. Jusqu'au revoir.

ARGAN   Vous savez que les malades ne reconduisent
          point[9].

BERALDE   Voilà un médecin vraiment qui paraît fort habile.

ARGAN   Oui, mais il va un peu bien vite.

BERALDE   Tous les grands médecins sont comme cela.

ARGAN   Me couper un bras, et me crever un œil, afin que
          l'autre se porte mieux ? J'aime bien mieux qu'il
          ne se porte pas si bien. La belle opération, de me
          rendre borgne[10] et manchot[11] !

Pendant la lecture

P. Pourquoi est-ce que le médecin conseille à Argan de se couper un bras?

Q. Pourquoi est-ce que le médecin conseille à Argan de se crever un œil?

R. Qu'est-ce que Béralde pense du médecin?

S. Est-ce qu'Argan est d'accord avec Béralde?

1 draws   2 put out   3 bothers   4 troubled   5 died   6 study the case   7 should have been done   8 to cure   9 Vous... point : don't see their guest out   10 blind in one eye 11 one-armed

Après la lecture
Activités

1 **Qu'en penses-tu?**

Es-tu d'accord avec les déclarations suivantes? Justifie ta réponse.

1. Toinette est un médecin passager célèbre.

2. Argan regarde fixement ce médecin parce que le médecin est vieux.

3. Ce médecin aime soigner des maladies ordinaires.

4. Les rhumatismes, les défluxions, les fiévrottes, les vapeurs et les migraines sont des médicaments.

5. Le médecin d'Argan s'appelle Monsieur Béralde.

6. Le foie, la rate, le cœur et les poumons sont des organes.

2 **En contexte**

Complète les phrases suivantes avec les mots utilisés dans *Le Malade imaginaire*.

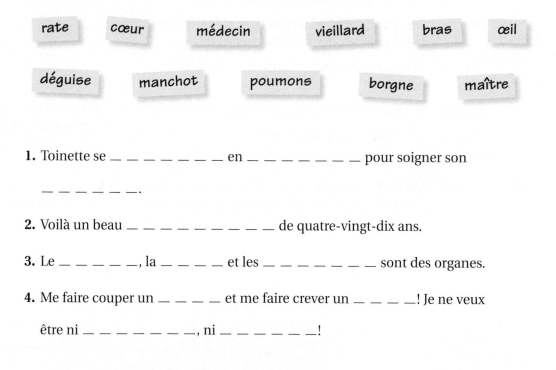

rate   cœur   médecin   vieillard   bras   œil

déguise   manchot   poumons   borgne   maître

1. Toinette se _ _ _ _ _ _ _ en _ _ _ _ _ _ _ pour soigner son

_ _ _ _ _ _.

2. Voilà un beau _ _ _ _ _ _ _ _ _ de quatre-vingt-dix ans.

3. Le _ _ _ _ _, la _ _ _ _ et les _ _ _ _ _ _ _ sont des organes.

4. Me faire couper un _ _ _ _ et me faire crever un _ _ _ _! Je ne veux

être ni _ _ _ _ _ _ _, ni _ _ _ _ _ _!

3 ◆ As-tu compris?

1. Pourquoi est-ce que Toinette se déguise en médecin?

2. Pourquoi est-ce qu'elle demande à Argan de deviner son âge?

3. Pourquoi est-ce qu'elle lui dit qu'elle ne s'intéresse qu'aux maladies sérieuses?

4. Pourquoi est-ce que Toinette dit que Monsieur Purgon, le médecin d'Argan, n'est pas sur ses tablettes de grands médecins?

5. Pourquoi est-ce que les répétitions par Toinette des mots «le poumon» et «ignorant» sont drôles?

6. Pourquoi est-ce que Toinette conseille à Argan de se faire couper un bras et de se faire crever un œil?

7. Pourquoi est-ce que Béralde intervient à la fin de la scène?

8. Pourquoi est-ce que la scène est importante? Est-ce qu'Argan a toujours les mêmes idées en ce qui concerne les médecins?

4 ◆ Appréciation du texte

1. Identifie dans le texte tous les endroits où Molière semble ridiculiser le malade imaginaire.

2. Résume en quelques phrases la scène que tu viens de lire.

5 ◆ Recherche

Est-ce que la médecine a changé depuis l'époque de Molière (XVIIe siècle). De quelle manière? A l'époque de Molière, tout le monde n'avait pas accès à la médecine. Est-ce que cela a changé aujourd'hui?

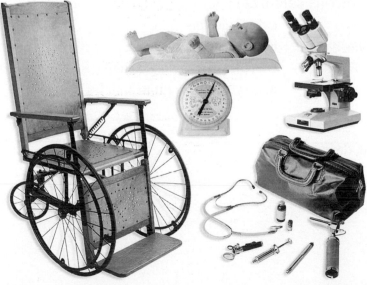

Un peu plus...

Note culturelle

La santé des Français s'est considérablement améliorée ces 40 dernières années. Malgré tout, la majorité des Français est préoccupée par la santé.

Cependant, même si les Français sont dans l'ensemble en bonne santé (la France est, entre autres, un des pays développés qui compte le moins de maladies cardio-vasculaires), ils sont les plus gros consommateurs de médicaments en Europe.

Mais, l'attitude des Français face à la médecine commence à changer. Les Français sont de plus en plus nombreux à se tourner vers les médecines dites alternatives ou douces, par exemple, l'homéopathie, l'acupuncture et l'ostéopathie. Dans l'ensemble, les Français se sentent bien dans leur peau même s'ils sont de plus en plus exigeants face à la médecine.

1 Et les Américains?

Comment est-ce que tu peux décrire l'attitude des Américains face à la santé? Est-ce que les médecines alternatives sont populaires parmi les Américains?

2 Pourquoi sont-ils célèbres?

1. Louis Pasteur	**a.** la pénicilline
2. Louis Braille	**b.** le vaccin contre la rage
3. Alexandre Fleming	**c.** la première greffe du cœur
4. Christian Barnard	**d.** le système d'écriture pour les aveugles

3 Proverbe

Œil pour œil, dent pour dent

Chapitre

8 *Avant la lecture*
La Légende baoulé

Stratégie

L'Analyse des causes à effets La cause, c'est la raison pour laquelle un événement se produit. Une cause peut produire un ou plusieurs effets. A l'inverse, des effets peuvent provenir[1] d'une ou plusieurs causes. Pour analyser les rapports[2] de causes à effets, on identifie les informations importantes qui sont données dans un texte pour trouver les événements qui en sont la cause ou la conséquence.

Vocabulaire

La Légende baoulé est un conte traditionnel de la Côte d'Ivoire. Voici quelques mots qui vont t'aider à comprendre l'histoire.

la brousse *brush*
le rocher *rock*
le chemin *path*
la rive *river bank*
l'épine (f.) *thorn*
le sanglier *wild boar*
le flot *wave*
le taillis *shrub*
la paillote *straw hut*
le ver à soie *silkworm*
le fleuve *big river*

Activité

Des causes à effets Essaie de faire correspondre les causes avec leurs effets.

1. Caroline a mal aux dents.
2. Yasmina aime les films policiers.
3. Georges fait du sport tous les jours.
4. Le voleur[3] entre dans la maison.

a. Elle va souvent en voir au cinéma.
b. Elle va chez le dentiste.
c. L'alarme se met à sonner.
d. Il est très musclé.

[1] be the result of [2] relationships [3] burglar

La Légende baoulé

Né à Assinie en Côte d'Ivoire en 1916, **Bernard Dadié** est à la fois écrivain et homme politique (ministre de la Culture et de l'Information en 1977). Son œuvre littéraire est prolifique et touche tous les genres littéraires. Bernard Dadié et ses écrits sont très représentatifs de la première génération d'écrivains africains de langue française. ***La Légende baoulé*** est tirée de son recueil *Légendes et poèmes*.

En lisant ce texte, fais une liste des principaux événements.

A. Qui sont les Baoulés?

Les Baoulés sont une des ethnies les plus importantes de la Côte d'Ivoire. Cette légende raconte leur origine.

B. Où est-ce que la tribu vivait?

C. Comment est-ce que la reine de la tribu s'appelle?

Il y a longtemps, très longtemps, vivait au bord d'une lagune calme, une tribu paisible[1]. Ses jeunes hommes étaient nombreux, nobles et courageux. Ses femmes étaient belles et joyeuses. Et leur reine, la reine Pokou, était la plus belle.

Depuis longtemps, très longtemps, ils vivaient en paix[2], et même les esclaves, fils des captifs des temps anciens, étaient heureux auprès de[3] leurs heureux maîtres.

D. Pourquoi est-ce que les hommes, les femmes et les enfants ont dû partir?

Un jour, les ennemis sont arrivés, nombreux comme des vers à soie. Alors, les hommes, les femmes, les enfants, ont dû partir, quitter les paillotes, les plantations, la lagune poissonneuse, tout abandonner pour fuir[4].

. . . .

1 peaceful **2** peace **3** with **4** to flee

Ils sont donc partis dans la forêt. Ils ont traversé les taillis les plus épais[1]; ils se sont déchirés aux épines. L'ennemi les suivait. Ils ont couru sans repos, nuit et jour. Et leur reine, la reine Pokou, marchait la dernière, portant au dos son enfant.

A leur passage, l'hyène ricanait[2], l'éléphant et le sanglier fuyaient[3], le chimpanzé grognait[4] et le lion s'écartait[5] du chemin.

Enfin, ils sont arrivés dans la savane. Et ils ont entonné[6] leur chant d'exil :

> Mi houn Ano, Mi houn Ano, blâ ô
> Ebolo nigué, mo ba, gnam min.
> Mon mari Ano, mon mari Ano, viens,
> Les génies de la brousse m'emportent.

Harassés, amaigris[7], ils sont arrivés sur le soir au bord d'un grand fleuve. Ses eaux se brisaient[8] sur d'énormes rochers.

Et le fleuve mugissait[9], les flots montaient jusqu'en haut des arbres et retombaient sur les fugitifs glacés d'effroi[10]: ils devaient le traverser, mais comment?

Consternés[11], ils se regardaient. Avant, l'Eau était leur plus grande amie. Et voilà qu'elle devenait menaçante : un mauvais génie devait l'exciter contre eux. Et l'ennemi approchait.

Pendant la lecture

E. Où est-ce que les Baoulés sont partis? Qu'est-ce qu'ils ont traversé?

F. Quels animaux est-ce qu'ils ont vu? Quelle était la réaction des animaux?

G. Où est-ce qu'ils sont arrivés le soir?

H. Comment est le fleuve? Pourquoi sont-ils surpris?

I. En voyant le fleuve menaçant, qu'est-ce que les membres de la tribu croient?

J. Qu'est-ce que le sorcier a dit?

Et pour la première fois, le sorcier a parlé : «L'Eau est devenue mauvaise, a-t-il dit; elle ne s'apaisera[12] que si nous lui donnons ce que nous avons de plus cher. »

1 les taillis... épais : the thickest shrubs   2 giggled nervously   3 fled
4 growled   5 moved away   6 started   7 emaciated   8 were breaking
9 roared   10 frozen with fear   11 overwhelmed   12 will only calm down

K. Qu'est-ce que chacun a d'abord donné?

L. Ensuite, qu'est-ce qu'ils ont offert à l'Eau?

M. Comment est-ce qu'ils ont traversé le fleuve?

N. Qu'est-ce que la reine a dit? Que veut dire ce mot?

O. Quel est le nouveau nom de la tribu?

Et le chant d'espoir a retenti[1] :

Ebe nin flê nin bâ	Quelqu'un appelle son fils
Ebe nin flê nin nan	Quelqu'un appelle sa mère
Ebe nin flê nin dja	Quelqu'un appelle son père
Yapen'sè ni djà wali.	Les belles filles se marieront.

Et chacun a donné ses bracelets d'or et d'ivoire, ses colliers les plus beaux, tout ce qu'il avait pu sauver. Mais l'Eau n'en a pas voulu.

Alors le sorcier a montré le jeune prince, le bébé de six mois : « Voilà, a-t-il dit, ce que nous avons de plus précieux. »

Alors la reine a embrassé son enfant, l'a posé délicatement dans un petit panier et l'a confié[2] à l'Eau. Alors des hippopotames, d'énormes hippopotames, ont émergé et se sont placés les uns à la suite des autres pour former un pont. Et sur ce pont miraculeux, le peuple en fuite est passé en chantant :

Ebe nin flê nin bâ	Quelqu'un appelle son fils
Ebe nin flê nin nan	Quelqu'un appelle sa mère
Ebe nin flê nin dja	Quelqu'un appelle son père
Yapen'sè ni djà wali.	Les belles filles se marieront.

Et la reine Pokou est passée la dernière et a trouvé sur l'autre rive son peuple prosterné[3].

Alors la reine en pleurs[4] a dit seulement « baouli », ce qui veut dire : l'enfant s'en est allé.

Et c'était la reine Pokou, et le peuple a gardé le nom de Baoulé.

---

1 le chant... retenti : the song of hope echoed   **2** placed, entrusted   **3** prostrate, bowed   **4** in tears

Après la lecture
Activités

1 ### Le bon ordre
Remets l'histoire dans l'ordre chronologique.

___ **a.** La reine a mis son enfant dans un panier.

___ **b.** Ils ont donné leurs bracelets et leurs colliers.

___ **c.** Les hippopotames ont fait un pont.

___ **d.** La tribu a traversé le fleuve.

___ **e.** Ils ont chanté leur chant d'exil.

___ **f.** La tribu est partie dans la forêt.

___ **g.** Ils sont arrivés dans la savane.

___ **h.** La reine a dit «baouli».

___ **i.** Les ennemis sont arrivés.

___ **j.** La tribu vivait paisiblement au bord d'une lagune.

2 ### Ecris ton propre conte!
Utilise les mots de *La Légende baoulé* qui te sont donnés pour compléter l'histoire ci-dessous. Certains mots peuvent être utilisés plusieurs fois.

pont	panier	poivre	chimpanzé

sorcier	collier	éléphant	reine	pleurer

Il était une fois une **(1)** _____ très belle qui avait un fils qui s'appelait Philippe. Un soir, Philippe et sa mère se promenaient près du grand fleuve. Ils allaient passer sur le **(2)** _____ quand, tout à coup, un méchant **(3)** _____ apparut et leur dit : «Je veux le **(4)** _____ en or que l'**(5)** _____ porte autour du cou! Si vous n'allez pas me le chercher, je vais vous changer en **(6)** _____ ». La reine et le prince ont très peur. Pourtant, Philippe part en courant au château. Il prend un petit **(7)** _____ dans lequel il met une tasse de poivre. Dans la forêt, il trouve l'animal gigantesque. L'**(8)** _____ voit Philippe et curieux, il lui demande : «Qu'est-ce que tu as là-dedans?» Philippe lui répond : «Oh, c'est un hippopotame!» L'**(9)** _____ rit : «C'est pas possible!» Philippe lui dit : «Mais, si! Tu peux le voir, si tu veux»! Alors, l'**(10)** _____ met son énorme nez dans le **(11)** _____ et il éternue si fort que le **(12)** _____ en or tombe de son cou. Le prince le prend et il court le donner au méchant **(13)** _____ .

3 Des causes à effets

Relis le texte et note les événements qui se produisent et qui sont la cause d'autres événements dans le tableau ci-dessous.

Causes	Effets
1. Les ennemis sont arrivés.	Les habitants ont dû partir.
2.	
3.	
4.	
5.	

4 Voix africaines

Le texte comporte un certain nombre d'éléments spécifiques à la littérature africaine.

1. Est-ce que tu peux comparer ce texte à d'autres légendes africaines ou à des légendes indiennes, européennes, nord-américaines et sud-américaines?

2. Est-ce que les images (métaphores) sont différentes?

3. Quel est le rôle joué par les animaux? La nature?

4. Est-ce que toutes ces légendes ont des points communs? Lesquels?

Avant la lecture
Tokô Waly

Léopold Sédar Senghor est né à Joal au Sénégal en 1906. Avec Aimé Césaire, il a joué un rôle très important pour le développement de la littérature négro-africaine. Après la Seconde Guerre mondiale, il commence une carrière politique. Il est député du Sénégal à l'Assemblée Nationale française en 1945. A l'indépendance du Sénégal, il est élu triomphalement président. Il sera réélu plusieurs fois à ce poste avant d'abandonner ses fonctions le 31 décembre 1979. En 1983, il a été élu à l'Académie française. Parallèlement à sa carrière politique, il publie de nombreux recueils de poésie et des essais. Il meurt en Normandie en 2001.

Vocabulaire

Voici quelques mots qui vont t'aider à comprendre le poème qui suit. Quelles images est-ce que ces mots évoquent?

les ténèbres (f.pl.)	darkness
le champ	field
le ver luisant	glowworm
l'herbe (f.)	herb, grass
la ruche d'abeilles	beehive
le grillon	cricket

Activité

Souvenirs d'enfance Le poème que tu vas lire fait appel aux souvenirs. Est-ce que tu peux écrire un court poème sur tes souvenirs d'enfance?

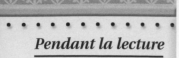
Tokô Waly

Ce poème est tiré du recueil *Chants d'ombre.*

A. Qui est Tokô'Waly?

Tokô'Waly, mon oncle, te souviens-tu des nuits de jadis[1]
  quand s'appesantissait[2] ma tête, sur ton dos de patience ?

B. Qui guide le poète?

Ou que me tenant par la main, ta main me guidait par
  ténèbres[3] et signes ?

C. Où est-ce que les
étoiles se posent?

Les champs sont fleurs de vers luisants ; les étoiles
  se posent sur les herbes, sur les arbres.

C'est le silence alentour[4].

Seuls bourdonnent[5] au loin les parfums de brousse, ruches
  d'abeilles rousses qui dominent la vibration grêle des
  grillons

D. Qu'est-ce que le
tam-tam représente?

Et tam-tam voilé, la respiration au loin de la Nuit.

---

1 in times past   **2** weighed down   **3** darkness   **4** all around   **5** hummed

Après la lecture
Activités

1 En contexte

A l'aide du vocabulaire ci-dessous, complète les phrases suivantes.

champs   ruches   abeilles

guider   dos   te souviens

1. Est-ce que tu _____ de ton enfance?
2. J'ai souvent mal au _____.
3. Il y a souvent une personne pour _____ les touristes qui font un safari.
4. En Hollande, il y a beaucoup de _____ de tulipes.
5. Les _____ font du miel dans leurs _____.

2 L'Afrique

Quels sont les éléments spécifiques (images, métaphores, objets, etc.) à l'univers africain qui se trouvent dans le texte?

3 Recherche

La note bibliographique de Léopold Sédar Senghor fait référence au concept de «négritude» et à l'écrivain martiniquais, Aimé Césaire. Est-ce que tu as déjà rencontré ce concept dans tes lectures? Connais-tu Aimé Césaire? En utilisant l'Internet, fais des recherches sur le sujet de la négritude et Aimé Césaire.

Aimé Césaire

Un peu plus...

Note culturelle

Le baoulé est une langue africaine qui est parlée dans le centre de la Côte d'Ivoire. C'est la langue des Baoulés qui habitent les savanes entre Bandama et N'zi. Le français est la langue officielle de la Côte d'Ivoire, mais le baoulé reste la langue la plus parlée. C'est aussi une des deux langues utilisée pour le commerce.

1 ### Hymne national

Voici les paroles de l'hymne national de la Côte d'Ivoire. Lis le texte et fais une liste des mots que tu peux associer au peuple Baoulé.

L'Abidjanaise

Salut ô terre d'espérance,
Pays de l'hospitalité,
Tes légions remplies de vaillance[1]
Ont relevé ta dignité.
Tes fils chère Côte d'Ivoire,
Fiers artisans de ta grandeur
Tous rassemblés pour ta gloire,
Te bâtiront dans le bonheur.

(Refrain)
Fiers Ivoiriens le pays nous appelle,
Si nous avons dans la paix[2] ramené la liberté,
Notre devoir sera d'être un modèle
De l'espérance[3] promise à l'humanité
En forgeant unis[4] dans la foi nouvelle
La patrie de la vraie fraternité.

2 ### Proverbe

La force du léopard est dans la forêt, la force du crocodile est dans l'eau.

. . . .

1 bravery **2** peace **3** hope **4** united

9

Avant la lecture
Le Pont Mirabeau

Stratégie

Déterminer le but[1] de l'auteur Quand tu écris, tu as un but. Les auteurs ont aussi un but : informer, raconter une histoire, faire naître des émotions, persuader le lecteur de croire[2] ou de faire quelque chose. Le but de l'auteur est important : tu ne vas pas lire un texte journalistique de la même façon qu'un poème. Déterminer le but de l'auteur permet au lecteur de mieux comprendre, analyser et apprécier un texte.

Vocabulaire

Voici quelques mots de vocabulaire qui vont t'aider à comprendre le texte qui suit.

le pont *bridge*
faut-il qu'il m'en souvienne *must I remember them*
la peine *sorrow*
sonne *ring*
s'en vont *go*
demeure *remain*
l'onde (f.) *wave*
lasse *weary*
courante *running*
lente *slow*
l'espérance (f.) *hope*

Qu'est-ce que ce vocabulaire t'inspire? La joie? La tristesse[3]? A ton avis, qu'est-ce que l'auteur recherche?

Activités

A **C'est quel genre?** Avant de lire, regarde le texte qui suit. Regarde sa forme. Est-ce qu'il y a une ponctuation? Est-ce que tu peux déterminer le genre littéraire? Comment?

B **A toi!** Tu as sûrement lu des poèmes en anglais ou en français. Quel est ton poème préféré? Pourquoi?

----

1 purpose **2** believe **3** sadness

Le Pont Mirabeau

Guillaume Apollinaire (1880–1918) est né à Rome, puis il fait ses études à Nice et à Cannes. A l'âge de vingt ans, il s'installe à Paris. Poète et critique d'art, il est l'ami de Picasso. Ce poème, écrit vers 1912, a été mis en musique et chanté par de nombreux artistes. En lisant le poème, essaie de trouver le but de l'auteur.

A. Qu'est-ce qui coule sous le pont Mirabeau?

B. De quoi est-ce que l'auteur se souvient?

C. Qu'est-ce qui s'en va? Qui est-ce qui reste?

D. Qu'est-ce qui passe sous le pont de nos bras?

E. Comment est-ce que l'amour s'en va?

F. Comment est la vie?

G. Qu'est-ce qui est violente?

H. Qu'est-ce qui ne revient pas?

Sous le pont Mirabeau coule[1] la Seine*
Et nos amours
Faut-il qu'il m'en souvienne
La joie venait toujours après la peine
Vienne[2] la nuit sonne l'heure
Les jours s'en vont je demeure

Les mains dans les mains restons face à face
Tandis que[3] sous
Le pont de nos bras passe
Des éternels regards l'onde si lasse
Vienne la nuit sonne l'heure
Les jours s'en vont je demeure

L'amour s'en va comme cette eau courante
l'amour s'en va
Comme la vie est lente
Et comme l'Espérance est violente
Vienne la nuit sonne l'heure
Les jours s'en vont je demeure

Passent les jours et passent les semaines
Ni temps passé
Ni les amours reviennent
Sous le pont Mirabeau coule la Seine
Vienne la nuit sonne l'heure
Les jours s'en vont je demeure

1 flows **2** comes **3 tandis que :** while
* river that flows through Paris

Après la lecture
Activités

1   La bonne réponse?

1. Pour son poème, Apollinaire a choisi comme décor...
   - **a.** une école.
   - **b.** un jardin.
   - **c.** un château.
   - **d.** un pont.

2. La Seine est...
   - **a.** une ville.
   - **b.** un fleuve.
   - **c.** un village.
   - **d.** une montagne.

3. L'image de l'eau qui coule évoque...
   - **a.** le fleuve qui traverse une ville.
   - **b.** le bonheur d'être sur un pont.
   - **c.** la permanence de l'amour.
   - **d.** le temps qui passe.

4. Un des thèmes du poème, c'est...
   - **a.** l'amour qui s'en va.
   - **b.** l'amour qui revient.
   - **c.** l'eau courante qui s'en va.
   - **d.** la jeunesse.

2   Le contraire
Quel est le contraire des mots qui se trouvent dans la colonne de gauche?

1. la joie
2. la nuit
3. s'en aller
4. l'espérance
5. lente
6. se souvenir

  a. demeurer
  b. rapide
  c. le désespoir
  d. la peine
  e. oublier
  f. le jour

3   Cherchez l'intrus

Quel mot n'a pas sa place dans les listes suivantes?

1. les mains, les bras, les yeux, les amis
2. se souvenir, oublier, espérer, manger
3. demeurer, s'en aller, parler, revenir
4. le jour, la nuit, l'heure, l'amour

Le temps passe!

Est-ce que tu peux retrouver dans la grille dix mots du poème?

1. _____ E _ _ _ _ _ _
2. _____ _ _ _ P _
3. _____ _ O _ _ _
4. _____ _ _ A _ _ _ _
5. _____ _ _ T _
6. _____ H _ _ _ _
7. _____ P _ _ _ _
8. _____ _ _ L _
9. _____ _ _ _ _ _ N _ _
10. _____ _ _ _ T _

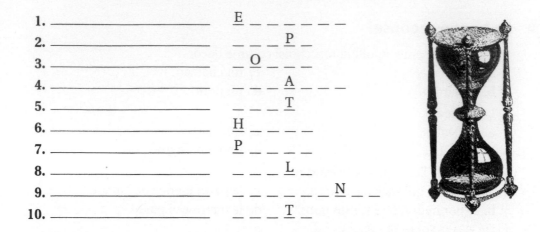

X	Y	Z	U	E	R	K	V	E	N	L	H
J	O	U	R	S	G	P	A	S	S	E	B
E	I	W	E	C	T	L	U	P	H	N	A
S	O	U	V	I	E	N	N	E	A	T	R
E	B	M	I	W	M	A	V	R	M	E	I
M	N	U	E	T	P	H	P	A	I	C	A
A	D	C	N	K	S	E	K	N	U	I	T
I	X	J	N	F	N	U	V	C	I	C	K
N	B	V	E	T	E	R	N	E	L	R	E
E	A	C	O	U	L	E	Z	D	B	O	T

Mots qui riment!

1. Retrouve dans **Le Pont Mirabeau** les mots qui riment avec
   les mots suivants :

   | lente | passe |
   | l'heure | Seine |

2. Maintenant, écris un poème en utilisant des mots
   qui riment. A qui veux-tu adresser ce poème? Pour
   quelle occasion?

Avant la lecture
Demain, dès l'aube...

Victor Hugo (1802-1885) Homme politique et poète, Victor Hugo domine le XIXe siècle par la durée[1] de sa vie et de sa carrière. L'œuvre de Victor Hugo est gigantesque. Quelques-unes de ces œuvres les plus connues sont : les pièces de théâtre *Hernani* (1830) et *Ruy Blas* (1838), le roman historique *Notre-Dame de Paris* (1831), les recueils de poèmes lyriques *Les Feuilles d'automne* (1831), *Les Chants du crépuscule* (1835), *Les Voix intérieures* (1837) et *Les Rayons et les Ombres* (1840), le poème satyrique *Les Châtiments*, le recueil lyrique *Les Contemplations* (1856) et le roman *Les Misérables* (1862).

Activités

Note de grammaire : le futur

Dans le poème qui suit, tu vas rencontrer des verbes au futur. Pour former le futur, utilise les terminaisons : **-ai, -as, -a, -ons, -ez, -ont** à la fin du verbe à l'infinitif.

Exemple : regarder → je regarder**ai** *(I will see).* (Une exception : aller - j'ir**ai**)

Quels sont les infinitifs de ces verbes?

1. je partirai **3.** je regarderai **5.** j'arriverai
2. je marcherai **4.** je mettrai **6.** j'irai

B **Un rendez-vous important** Dans le poème *Demain, dès l'aube...* , le poète se prépare à un rendez-vous important. Qu'est-ce que tu fais pour te préparer à des rendez-vous importants? Est-ce que tu es tranquille ou nerveux? Patient ou impatient?

---

1 length

Demain, dès l'aube...

Ce poème est tiré du recueil des *Contemplations*. Quatre années ont passé depuis la mort tragique de Léopoldine, la fille aînée de Victor Hugo. En cette veille[1] de l'anniversaire de la mort de sa fille, le poète lui parle comme si elle était encore vivante et demain, il va être fidèle au rendez-vous.

A. Quand est-ce que le poète veut partir?

B. Par où est-ce qu'il va passer?

C. Comment est-ce qu'il va marcher?

D. Qu'est-ce qu'il ne va pas regarder?

E. Où est-ce qu'il va?

F. Qu'est-ce qu'il apporte?

G. Est-ce qu'il y a vraiment quelqu'un qui attend le poète?

> Demain, dès l'aube[2], à l'heure où blanchit la campagne,
> Je partirai. Vois-tu, je sais que tu m'attends.
> J'irai par la forêt, j'irai par la montagne.
> Je ne puis demeurer[3] loin de toi plus longtemps.
>
> Je marcherai les yeux fixés sur mes pensées,
> Sans rien voir au-dehors[4], sans entendre aucun bruit,
> Seul[5], inconnu[6], le dos courbé[7], les mains croisées[8],
> Triste, et le jour pour moi sera comme la nuit.
>
> Je ne regarderai ni l'or du soir qui tombe,
> Ni les voiles[9] au loin descendant vers Harfleur*,
> Et quand j'arriverai, je mettrai sur ta tombe
> Un bouquet de houx[10] vert et de bruyère[11] en fleur.

1 eve   2 dawn   3 **ne puis demeurer :** can no longer remain   4 outside   5 alone
6 unknown   7 **dos courbé :** back bent   8 crossed   9 sails   10 holly   11 heather
*small town in Normandy, near the seaside

Après la lecture
Activités

D'accord ou pas?

Lis les phrases suivantes et dis si tu es d'accord ou non. Justifie ta réponse.

1. Le poète est le narrateur.
2. Dans le poème, le poète s'adresse à quelqu'un qu'il ne connaît pas très bien.
3. Le narrateur ne veut pas partir.
4. Le poète profite de son voyage pour observer la nature autour de lui.
5. Le poète paraît heureux.
6. Le poète va sur la tombe de sa fille.

As-tu du cœur?

Le mot «cœur» est souvent associé à l'amour mais il peut avoir d'autres sens[1]. Il peut représenter :

a. un organe	**c.** le centre	**e.** la poitrine
b. l'estomac	**d.** un sentiment	**f.** la mémoire

Que signifie le mot «cœur» dans les phrases suivantes?

1. Tous les magasins se trouvent au cœur de la ville.
2. Quand je monte sur un bateau, j'ai toujours mal au cœur.
3. J'ai trop couru. J'ai le cœur qui bat à 100 à l'heure!
4. Il a fallu que j'apprenne le poème d'Apollinaire par cœur.
5. Ma petite sœur serre toujours son nounours[2] sur son cœur.
6. Je l'aime de tout mon cœur.

A toi d'analyser

Dans **Demain, dès l'aube...** , quel est le but du poète? Est-ce que les images qu'il utilise expriment bien ses sentiments?

. . . .

1 meanings **2** teddy bear

Un peu plus...

Note culturelle

Qui n'a pas entendu parler des *Misérables?* C'est l'histoire de Jean Valjean, ancien forçat[1], devenu un honnête industriel qui essaie d'oublier son passé. Mais Jean est reconnu par l'inspecteur de police Javert et doit échapper[2] à la surveillance de l'inspecteur... Ce roman écrit en 1862 est sans doute l'œuvre romanesque qui a été la plus souvent adaptée au cinéma et à la télévision. On compte vingt films (français, américain, allemand, italien et même japonais), deux films pour la télévision, trois séries télévisées et une vidéo de la comédie musicale.

La comédie musicale écrite par A. Boublil et C.M. Schönberg connaît un grand succès et n'a pas quitté l'affiche[3] de Broadway depuis 1987. La première mondiale[4] a eu lieu à Londres le 8 octobre 1985 et elle était sur Broadway un an plus tard (12 mars 1987). Depuis, *Les Misérables* est devenue la comédie musicale la plus jouée après *Cats.* Elle a attiré plus de 45 millions de spectateurs de par le monde et a été produite en vingt langues.

1 Une comédie musicale

Avec ta classe, tu organises une exposition sur les comédies musicales qui sont données à Broadway. Chaque groupe choisit une comédie musicale pour présenter à la classe. Tu peux faire des recherches à la bibliothèque ou sur l'Internet.

2 Proverbe

L'amour est aveugle

. . . .

1 convict   **2** escape   **3** did not come off   **4** world première

Chapitre

10 *Avant la lecture*
Une si longue lettre

Stratégie

Comparer et contraster Comparer, c'est savoir reconnaître les similitudes. Contraster, c'est savoir reconnaître les différences. Nous utilisons ces deux concepts chaque fois que nous lisons un texte. Nous recherchons les similitudes et les différences qui existent entre des textes, des personnages, des situations, des idées et des opinions. Nous comparons aussi parfois les informations qui nous sont données avec nos propres expériences.

Vocabulaire

Voici quelques mots de vocabulaire qui vont t'aider à comprendre le texte qui suit. En lisant ces mots, peux-tu te faire une idée de ce que l'auteur va raconter de sa jeunesse?

un arc-en-ciel *rainbow*
la griserie *excitement*
les mœurs (f.) *morals*
l'éloignement (m.) *separation*
émancipatrice *liberating*
la tâche *task, duty*

l'épanouissement (m.) *blossoming*
endiablés *wild, boisterous*
la dot *dowry*
muette *silent*
l'étonnement (m.) *surprise*

Activités

A **Ta première école** Dans le texte qui suit, tu vas lire une histoire racontée par une femme élévée au Sénégal. Elle pense au professeur qui a changé sa vie. Dans ta première école, est-ce qu'il y a un professeur qui a influencé ta vie? Comment et pourquoi?

B **C'était comment?** Demande à des adultes, parents ou amis, de te raconter comment ils vivaient quand ils étaient enfants. Demande-leur des détails sur leur vie en famille et à l'école, les activités et les sports qu'ils pratiquaient, les fêtes et les sorties. Puis, compare leur vie avec ta vie. Qu'est-ce qui est similaire? Qu'est-ce qui est différent?

Une si longue lettre

Mariama Bâ (1929–1980) est née au Sénégal. Elle est élevée par ses grands-parents dans un milieu musulman traditionnel. Elle entre à l'Ecole Normale et devient institutrice. Mère de neuf enfants et divorcée, Mariama Bâ a beaucoup travaillé pour l'amélioration de la condition de la femme sénégalaise. A la fois féministe et traditionaliste, elle est pour l'émancipation de la femme mais veut garder son identité noire. Pour son premier roman, *Une si longue lettre* (1979), elle obtient le prix Norma en 1980.

Une si longue lettre est une lettre écrite par Ramatoulaye à son amie, Aïssatou. Après la mort de son mari, Ramatoulaye porte le deuil[1] pendant quarante jours, comme lui impose la tradition. Dans ce passage, elle parle de sa jeunesse, de son éducation et de son mariage.

A. Qu'est-ce la femme blanche a voulu pour ses élèves?

B. Comment est l'école?

C. Est-ce que l'auteur aimait ses études?

Aïssatou, je n'oublierai jamais la femme blanche qui, la première, a voulu pour nous un destin «hors du commun»[2]. Notre école, revoyons-la ensemble, verte, rose, bleue, jaune, véritable arc-en-ciel : verte, bleue, et jaune, couleurs des fleurs qui envahissaient[3] la cour ; rose : couleur des dortoirs[4] aux lits impeccablement dressés. Notre école, entendons vibrer ses murs[5] de notre fougue[6] à l'étude. Revivons la griserie de son atmosphère, les nuits, alors que retentissait pleine d'espérance, la chanson du soir, notre prière commune.

Le recrutement qui se faisait par voie de concours à l'échelle de l'ancienne Afrique Occidentale Française, démantelée[7], aujourd'hui en Républiques autonomes, permettait un brassage fructueux[8] d'intelligences, de caractères, des mœurs et coutumes différents.

---

1 porte le deuil : mourns   **2** out of the common, above average   **3** filled
4 dormitory   **5** walls   **6** passion   **7** broken up   **8 brassage fructueux :** advantageous mixing

Rien n'y distinguait, si ce n'étaient des traits spécifiquement raciaux, la Fon du Dahomey et la Malinké de Guinée. Des amitiés s'y nouaient[1], qui ont résisté au temps et à l'éloignement. Nous étions de véritables sœurs destinées à la même mission émancipatrice.

Nous sortir de l'enlisement[2] des traditions, superstitions et mœurs ; nous faire apprécier de multiples civilisations sans reniement[3] de la nôtre ; élever notre vision du monde, cultiver notre personnalité, renforcer nos qualités, mater[4] nos défauts ; faire fructifier en nous les valeurs de la morale universelle ; voilà la tâche que s'était assignée l'admirable directrice. Le mot «aimer» avait une résonance particulière en elle. Elle nous aima sans paternalisme, avec nos tresses[5] debout ou pliées, avec nos camisoles, nos pagnes. Elle sut découvrir et apprécier nos qualités.

Comme je pense à elle ! Si son souvenir résiste victorieusement à l'ingratitude du temps, à présent que les fleurs n'encensent plus aussi puissamment qu'autrefois[6], que le mûrissement[7] et la réflexion dégarnissent[8] les rêves du merveilleux, c'est que la voie choisie pour notre formation et notre épanouissement ne fut point hasard. Elle concorde avec les options profondes de l'Afrique nouvelle, pour promouvoir[9] la femme noire.

D. Pourquoi est-ce que ces amitiés ont duré ?

E. Quelle tâche est-ce que la directrice s'est assignée ?

F. Pourquoi est-ce que le souvenir de cette directrice reste si présent dans la mémoire de l'auteur ?

. . . .

1 were established **2** from being bogged down by **3** disowning **4** tame **5** braids
6 à présent... qu' autrefois : now that the flowers do not smell as powerfully as they had in the past **7** maturing **8** drain, draw away **9** promote

G. Qui est Daouda Dieng?
Est-ce qu'il est riche?

Libérée donc des tabous qui frustrent, apte à l'analyse, pourquoi devrais-je suivre l'index de ma mère pointé sur Daouda Dieng, célibataire[1] encore, mais trop mûr[2] pour mes dix-huit hibernages. Exerçant la profession de Médecin Africain à la Polyclinique, il était nanti[3] et savait en tirer profit. Sa villa, juchée[4] sur un rocher de la Corniche, face à la mer, était le lieu de rencontre de l'élite jeune. Rien n'y manquait depuis le réfrigérateur où attendaient les boissons agréables jusqu'au phonographe, qui distillait tantôt de la musique langoureuse tantôt des airs endiablés.

Daouda Dieng savait aussi forcer les cœurs. Cadeaux utiles pour ma mère, allant du sac de riz, appréciable en cette période de pénurie[5] de guerre, jusqu'au don[6] futile pour moi, enveloppé avec préciosité, dans du papier enrubanné. Mais, je préférais l'homme à l'éternel complet kaki. Notre mariage se fit sans dot[7], sans faste[8], sous les regards désapprobateurs de mon père, devant l'indignation douloureuse de ma mère frustrée, sous les sarcasmes de mes sœurs surprises, dans notre ville muette d'étonnement.

H. Est-ce qu'elle épouse Daouda Dieng?
I. Comment est célébré son mariage? Pourquoi?

---

1 single 2 mature, old 3 rich 4 perched 5 shortage 6 gift 7 dowry
8 splendour

Après la lecture
Activités

1 **De quoi est-ce que l'auteur parle?**

Lis chaque phrase et décide si la phrase décrit a) l'école de son enfance, b) la directrice, c) son mari ou d) Daouda Dieng.

_____ **1.** ...a voulu un destin pour nous hors du commun.

_____ **2.** ...célibataire encore, mais trop mûr pour mes dix-huit hibernages.

_____ **3.** ...savait aussi forcer les cœurs.

_____ **4.** ...verte, rose, bleue, jaune, véritable arc-en-ciel...

_____ **5.** ...sut découvrir et apprécier nos qualités.

_____ **6.** ...permettait un brassage fructueux d'intelligences, de caractères, des mœurs et coutumes différents.

_____ **7.** ...élever notre vision du monde, cultiver notre personnalité, renforcer nos qualités...

_____ **8.** ...l'homme à l'éternel complet kaki

2 **Trouve la paire!**

Peux-tu retrouver les synonymes des mots de la première colonne?

1. fougue	**a.** cadeau
2. tradition	**b.** perché
3. brassage	**c.** écrivain
4. reniement	**d.** pompe (luxe)
5. don	**e.** mélange
6. auteur	**f.** coutumes
7. juché	**g.** désaveu[1]
8. faste	**h.** ardeur

....

1 disowning

3 ► La bonne réponse

1. A l'école, les élèves étudiaient avec...
- **a.** lenteur.
- **b.** fougue.
- **c.** désespoir.
- **d.** ennui.

2. Les élèves de cette école venaient toutes...
- **a.** de la même ville.
- **b.** de France.
- **c.** de l'Afrique Occidentale Française.
- **d.** du Sénégal.

3. La directrice aimait ses élèves...
- **a.** avec paternalisme.
- **b.** sans tresses.
- **c.** sans pagnes.
- **d.** sans paternalisme.

4. Le but de l'éducation de ces filles n'était pas de (d')...
- **a.** apprécier toutes les civilisations.
- **b.** apprendre à faire la cuisine.
- **c.** renforcer leurs qualités.
- **d.** mater leurs défauts.

5. Elle ne suit pas l'index de sa mère pointé sur Daouda parce qu'...
- **a.** elle le trouve trop jeune.
- **b.** il est célibataire.
- **c.** il est médecin.
- **d.** il est trop vieux pour elle.

6. L'auteur avait... ans quand elle s'est mariée.
- **a.** vingt
- **b.** dix-sept
- **c.** dix-huit
- **d.** vingt-deux

7. Daouda Dieng...
- **a.** était populaire.
- **b.** n'était pas très riche.
- **c.** était très jeune.
- **d.** ne donnait jamais de cadeaux.

4 ► Analyse et interprétation

1. Pourquoi est-ce que l'atmosphère de cette école était grisante[1]?

2. Pourquoi est-ce que l'auteur de cette lettre admire la directrice de l'école?

3. A ton avis, qu'est-ce que l'auteur pense du paternalisme?

4. Pour l'auteur, qu'est-ce que l'éducation doit apporter à l'élève?

5. A ton avis, qu'est-ce que l'auteur pense des mariages imposés par la famille?

. . . .

1 exhilarating

5 Une expérience peut-être différente

Caroline te décrit son école. Peux-tu comparer sa description à celle de Ramatoulaye et dire en quoi leurs descriptions sont semblables et en quoi elles sont différentes?

> Dans mon école, les garçons et les filles portent encore un uniforme : T-shirt blanc et pantalon noir pour les garçons, chemisier bleu et jupe grise pour les filles. L'école est très vieille : les salles de classe sont petites et sombres, toutes de couleur beige. Personne ne reste le soir, et il n'y a donc pas de dortoir. Tous les matins nous avons cours de huit heures à midi; l'après-midi, nous avons sport deux fois par semaine et les autres jours, nous faisons une activité de notre choix : théâtre, peinture, photo ou musique sont les activités les plus demandées. A l'école j'ai beaucoup d'amis. Les cours sont intéressants et les activités passionnantes et même si nous nous amusons nous travaillons beaucoup et nous apprenons tous les jours!

6 Explore!

Mariama Bâ a beaucoup travaillé pour promouvoir la femme noire et améliorer son statut social. Aux Etats-Unis, il y a des femmes qui ont aussi changé la vie de la femme en leur donnant l'accès à l'éducation supérieure, le droit de travailler sans l'autorisation de leur époux, le droit de participer à la vie politique et de voter. Qui sont-elles? Raconte l'histoire d'une de ces femmes américaines qui a changé la condition de la femme. Tu peux consulter un livre d'histoire, l'encyclopédie de la bibliothèque de ton école ou l'Internet.

Un peu plus...

Note culturelle

Le Sénégal est un pays très attaché à ses traditions. Malgré[1] tout, les femmes sénégalaises bénéficient d'une certaine indépendance et autonomie financière. En politique, le 3 mars 2000, Mama Madior Boye devient la première femme du Sénégal à occuper le poste de Premier Ministre, et avec elle, cinq autres femmes entrent au gouvernement. Est-ce à dire que les femmes sénégalaises sont aujourd'hui devenues les égales des hommes? Ce serait conclure un peu rapidement. En réalité, la grande majorité des femmes sénégalaises vit encore en situation précaire. A la fin des années 1990, beaucoup de jeunes filles n'étaient toujours pas scolarisées et aujourd'hui encore, la majorité des femmes sont analphabètes[2]. Sur le plan familial, l'homme reste le chef de famille. La polygamie toujours légale, est rejetée en masse par les femmes sénégalaises mais représente encore 12% des ménages, et reste très pratiquée dans les zones rurales où le mariage des filles est encore décidé par les parents.

1 **Journée de la femme**

Pour la «Journée de la femme», ta classe organise un forum sur la condition de la femme dans les pays francophones d'Afrique. Par groupes de trois ou quatre, choisissez un pays francophone (Côte d'Ivoire, Guinée, République centrafricaine, Maroc, Tunisie, Algérie…) et montez un dossier sur la condition et le rôle de la femme dans la société de ce pays : son éducation, sa position sociale, son indépendance et ses conditions de vie.

2 **Proverbe**

Chacun voit avec ses lunettes.

- -

1 despite **2** illiterate

Chapitre

11

Avant la lecture
En chanson

Stratégie

Littérature et actualité[1] Un texte journalistique est par définition intimement lié à l'actualité. Certains textes littéraires peuvent être aussi liés à l'actualité. Les références à l'actualité dans un texte littéraire peuvent être évidentes ou beaucoup plus subtiles. Par exemple, le roman *1984* de George Orwell est un texte éminemment politique. Certains chanteurs utilisent aussi la musique et leurs chansons pour faire passer un message ou parler d'un événement qui les a marqués.

Activités

A **Fiction ou réalité** Est-ce que tu as déjà lu un roman qui avait un contenu politique, scientifique ou qui était lié à l'actualité? Lequel? Quel en est l'histoire? Est-ce que tu l'as aimé? Quelle est ton opinion sur le sujet traité par ce livre?

B **Chanteurs engagés** Deux des textes suivants sont des chansons. L'une des chansons parle d'événements actuels. Est-ce que tu connais des chanteurs qui ont des chansons avec un contexte politique? Lesquels? Est-ce que tu penses que c'est le rôle d'un chanteur de donner son opinion?

. . . .

1 current events

En Musique

A. Quel type de musique influence la musique française?

B. Quel groupe anglais a influencé la musique rock française?

C. Quel genre de musique est-ce que Tri Yann joue?

D. Est-ce qu'il existe une musique rap française?

E. Quel type de musique joue St Germain?

La musique française est très variée. Elle a été influencée et est toujours influencée par la musique étrangère : la musique africaine, sud-américaine, antillaise et surtout la musique anglaise et nord-américaine.

Kassav'

Au début des années 60, c'est les années yé-yé (de l'anglais *Yeah-Yeah*) et la naissance[1] du rock français, influencé par la pop anglaise et les Beatles. Les artistes qui illustrent le mieux cette période sont Johnny Halliday, Eddy Mitchell et Dick Rivers.

Les années 70 voient l'émergence de nouveaux types de musique, toujours influencés par la musique anglaise. On retrouve côte à côte des groupes comme Téléphone (rock), des chanteurs comme Jacques Dutronc, Bernard Lavilliers, Julien Clerc ou Mireille Mathieu. Dans le même temps se développe une musique «folk» avec Alan Stivell ou Tri Yann, tous deux à l'avant-garde de la musique celtique.

Dans les années 80 apparaissent[2] des groupes de rock alternatif comme La Mano Negra et les Négresses Vertes. D'autres groupes, comme Indochine ou Niagara sont nettement influencés par la musique anglaise. Le «rock métis»[3] qui avait commencé à être très influent dans les années 80 (Carte de séjour, Amina) continue de colorer la musique française dans les années 90 avec l'ascension de la musique raï (musique nord-africaine) et des chanteurs comme Khaled, Cheb Mami et Faudel. Le rap français gagne en popularité avec MC Solaar.

Quelques chansonniers français et auteurs dits «à texte» continuent d'être appréciés et d'influencer la musique française, même bien après leur mort. On peut citer Edith Piaf *(La Vie en Rose)*, Jacques Brel, Georges Brassens et Serge Gainsbourg entre autres. Parallèlement à la variété française, s'est développé un courant jazz. Les Français aiment le jazz et commencent même à l'exporter avec par exemple St Germain.

1 birth **2** appear **3** mixed rock

Après la lecture
Activités

1 D'accord ou pas?

Lis les phrases suivantes et dis si tu es d'accord ou non. Justifie ta réponse.

1. La musique française a influencé la musique américaine.

2. Téléphone est le nom d'un groupe de jazz français.

3. Alan Stivell et Tri Yann jouent de la musique celtique.

4. Niagara est le nom d'un groupe de rock français.

5. MC Solaar joue du raï.

6. Serge Gainsbourg est un jazzman français.

2 Mots cachés

Retrouve dans la grille suivante les mots correspondants aux définitions suivantes.

1. adjectif qui qualifie les années 60

2. synonyme de naissance

3. le groupe Téléphone joue ce type de musique

4. nom d'un groupe de rock alternatif qui signifie *«la main noire»*

5. nom d'un groupe de rock qui est aussi le nom d'un haut lieu du tourisme aux USA et au Canada

6. nom donné à la musique nord-africaine

E	M	E	R	G	E	N	C	E	P	N
D	Y	D	O	B	E	A	T	L	E	S
R	E	D	C	N	I	A	G	A	R	A
A	Y	I	K	H	R	A	P	C	E	G
I	E	M	U	S	I	Q	U	E	I	A
L	A	M	A	N	O	N	E	G	R	A

3 Pour aller plus loin

Les deux textes qui suivent sont des chansons. La première est de Jacques Brel et s'intitule **Le Plat Pays.** La deuxième est de Faudel et le titre est **Paris-Le Caire.** D'après ce que tu viens de lire, est-ce que ces deux chanteurs sont de la même génération? Justifie ta réponse.

Le Plat Pays[1]

Jacques Brel (1929–1978) Jacques Brel est un chanteur belge. C'est à partir de 1959 que Jacques Brel trouve le succès avec des chansons comme : *la Valse à mille temps, les Flamandes* et surtout le classique *Ne me quitte pas* (1959), *On n'oublie rien, Marieke, les Prénoms de Paris et le Moribond.* Jacques Brel s'en prend à la société, aux nantis[2] et aux femmes dans ses chansons. Il chante la mort aussi.

A. Quels éléments de la nature est-ce que Brel mentionne dans les premières lignes?

Avec la mer du Nord pour dernier terrain vague[3]
Et des vagues[4] de dunes pour arrêter les vagues
Et de vagues rochers que les marées[5] dépassent
Et qui ont à jamais le cœur à marée basse
Avec infiniment de brumes[6] à venir
Avec le vent d'est écoutez-le tenir
Le plat pays qui est le mien

B. Avec quoi est-ce que les cathédrales sont comparées?

Avec des cathédrales pour uniques montagnes
Et de noirs clochers[7] comme mâts de cocagne[8]
Où des diables en pierre décrochent les nuages
Avec le fil des jours pour unique voyage
Et des chemins de pluie pour unique bonsoir
Avec le vent d'ouest écoutez-le vouloir
Le plat pays qui est le mien

C. Comment est le ciel? Quelle saison est-ce qu'il inspire?

Avec un ciel[9] si bas[10] qu'un canal s'est perdu
Avec un ciel si bas qu'il fait l'humilité
Avec un ciel si gris qu'un canal s'est pendu
Avec un ciel si gris qu'il faut lui pardonner
Avec le vent du nord qui vient s'écarteler[11]
Avec le vent du nord écoutez-le craquer
Le plat pays qui est le mien

Avec l'Italie qui descendrait l'Escaut
Avec Frida la Blonde quand elle devient Margot
Quand les fils de novembre nous reviennent en mai
Quand la plaine est fumante et tremble sous juillet
Quand le vent est au rire quand le vent est au blé
Quand le vent est au sud écoutez-le chanter
Le plat pays qui est le mien

D. Qu'est-ce que le vent du sud fait?

. . . .
1 flat country   **2** the well-to-do   **3** wasteland   **4** wave   **5** tide   **6** fog   **7** church towers/steeples   **8** greasy poles   **9** sky   **10** low   **11** tear apart

Après la lecture
Activités

1 La bonne réponse

Choisis la bonne réponse.

1. La mer du Nord...
- **a.** a beaucoup de vagues.
- **b.** est toujours à marée basse.
- **c.** est un terrain vague.
- **d.** aime le vent d'est.

2. En Belgique, il y a...
- **a.** de très grandes montagnes.
- **b.** beaucoup de soleil.
- **c.** des cathédrales.
- **d.** des palmiers.

3. Le ciel de Belgique...
- **a.** est bleu.
- **b.** est gris et bas.
- **c.** est clair.
- **d.** est ensoleillé.

4. Le vent du sud apporte...
- **a.** la joie et le soleil.
- **b.** la tristesse.
- **c.** l'Italie.
- **d.** le froid.

5. La Belgique est un pays...
- **a.** ensoleillé et chaud.
- **b.** chaud.
- **c.** froid et pluvieux.
- **d.** montagneux.

2 La Belgique

1. Jacques Brel fait une certaine description de son pays natal, la Belgique. Qu'est-ce que tu penses de sa description? Est-ce que cela te donne envie d'aller en Belgique?

2. Où se trouve la Belgique? Quelle(s) langue(s) est-ce que l'on parle en Belgique? Comment est sa géographie?

3. Est-ce que tu penses que la description de la Belgique que fait Brel est fidèle à la réalité? Explique.

3 A toi

En reprenant la même structure que la chanson de Jacques Brel, est-ce que tu peux décrire ton pays, ton état ou ta région?

Paris - Le Caire

Faudel «Le Petit prince du Raï» comme le surnomme la presse, est né le 6 juin 1978 en banlieue parisienne. C'est pendant les vacances d'été qu'il prend goût à la musique, chez sa grand-mère en Algérie. A l'âge de 8 ans il chante en public pour la première fois avec sa grand-mère. En 1993, il fait ses premiers pas dans le monde professionnel de la musique en première partie du concert de Jimmy Oihid. Puis il enchaîne très vite avec les premières parties de MC Solaar, Cheb Mami et Khaled. En 1997, il sort son premier disque «*Baïda*». En 2001, il sort son deuxième album intitulé «*Samra*».

je ne sais pas pourquoi ?
tout le monde reste coi[1]
a-t-on perdu la voix ?
ou le silence fait loi[2]
je te parle d'un monde d'orphelins
où les hommes font plus de mal que de bien
on nous parle de tout et de rien
alors que tout est souffrance et chagrin[3]
essayons de changer pour demain
et marchons la main dans la main
je ne sais pas pourquoi ?
tout le monde reste coi
a-t-on perdu la voix ?
ou le silence fait loi
je te promets mille et une merveilles[4]
le jour où toute la terre s'éveille[5]
de son long et profond sommeil[6]
le jour où partout les méchants payent
où nous serons égaux et pareils[7]
mais ce n'est pas demain la veille[8]
je ne sais pas pourquoi ?
tout le monde reste coi
a-t-on perdu la voix ?
ou le silence fait loi

A. Qu'est-ce que l'auteur ne sait pas?

B. Qu'est-ce que les hommes font?

C. Qu'est-ce qu'on doit faire demain?

D. Qu'est-ce que l'auteur promet?

E. Qu'est-ce qui doit arriver aux méchants?

....

1 silent   **2** law   **3** sorrow   **4** wonders   **5** awakens   **6** slumber   **7** similar
8 ce... veille : it won't happen anytime soon

Après la lecture
Activités

1 **La bonne réponse**

Choisis la bonne réponse.

1. Le monde est...
   a. bruyant.   b. silencieux.   c. en paix.
2. Les hommes sont...
   a. plus souvent mauvais que bons. b. gentils. c. tous frères.
3. On parle plus souvent...
   a. de tout et de rien.   b. de sport.   c. d'événements heureux.
4. Un jour, tous les gens seront...
   a. tristes et malheureux. b. ennemis.   c. égaux et pareils.

2 **Vocabulaire et rimes**

Voici quelques mots de vocabulaire qui riment avec des mots du texte. Lesquels?

1. sommeil
2. refrain
3. lien
4. moi

3 **Deux capitales**

La chanson de Faudel a pour titre *Paris-le Caire.* Que sais-tu de ces deux villes? Qu'est-ce qui les rapproche et qu'est-ce qui les différencie?

4 **Actualité**

Est-ce qu'il y a des événements récents qui peuvent être illustrés par cette chanson? Comment?

Un peu plus...

Note culturelle

La musique et les Français La musique française est l'une des musiques préférées des Français puisqu'elle représente plus de la moitié des achats. Ce bon résultat est en partie dû aux quotas de diffusion imposés depuis 1994 aux stations radio. Elles doivent passer au moins 40% de musique française dans leur programme. La variété internationale représente plus de 20% du marché, la musique classique 18%, puis viennent les musiques du monde (11%), le rock (10%) et le jazz avec 7% du marché. Les jeunes préfèrent écouter toutefois le rock et les tubes du moment. Mais ils sont aussi sensibles aux textes qui reflètent leurs inquiétudes et doute du moment. De fait, la musique fait plus que jamais partie de la vie quotidienne des Français. On écoute de la musique à la maison, en voiture, dans les magasins et quelquefois au bureau. De plus, cet engouement pour la musique touche toutes les catégories sociales de la population. Fait aussi nouveau pour la musique française : elle commence à s'exporter à l'étranger, principalement en Europe. Ainsi les ventes de disques français sont passées de 3 millions en 1990 à 39 millions en 2000.

1 Artistes et leurs œuvres

Voici les noms de quelques musiciens, chanteurs, compositeurs français. Est-ce que tu peux associer leur nom avec un type de musique et le nom d'une de leurs œuvres? Tu peux t'aider en faisant des recherches dans un dictionnaire ou sur Internet.

— Georges Bizet	— rap	— Qui sème le vent...
— MC Solaar	— opéra	— Carmen
— Téléphone	— raï	— La vie en rose
— Cheb Mami	— variété française	— Cendrillon
— Edith Piaf	— rock	— Le Raï c'est chic

2 Proverbe

La musique adoucit les mœurs.

Chapitre

12

Avant la lecture
Soir d'hiver

Stratégie

Images et métaphores Quand tu lis un texte, les mots que l'auteur a choisi vont immédiatement faire naître des images dans ton esprit. Souvent les auteurs aiment utiliser des métaphores pour suggérer une ressemblance ou une relation entre deux choses. Dans le poème *Soir d'hiver* que tu vas lire, le poète fait une description de la nature en hiver. Essaie de trouver les images et métaphores dans le poème pour mieux comprendre le but de l'auteur.

Activité

L'hiver Le poème qui suit a été écrit par un poète québécois, Emile Nelligan. Dans son poème, il nous décrit un soir d'hiver. Quelles images évoquent pour toi les mots suivants?

— un soir d'hiver
— la neige
— un étang gelé[1]
— la Norvège
— un oiseau dans la neige
— une rose

Pour chaque mot, écris une phrase qui décrit le mieux l'image que ce mot fait naître chez toi.

---

1 étang gelé : frozen pond

Soir d'hiver

Emile Nelligan (1879–1941) est né à Montréal. Poète prodige, il avait seize ans quand ses premiers poèmes sont publiés dans un journal de Montréal. A dix-sept ans, il est le benjamin de l'Ecole littéraire de Montréal. Souffrant d'une sévère dépression, il est interné, à l'âge de dix-neuf ans, dans un hôpital psychiatrique. Il meurt en 1941.

A. Comment est la vitre? Pourquoi?

B. Est-ce que le poète est content ou déprimé?

C. Qu'est-ce qui est gelé?

D. Comment est l'âme du poète? Pourquoi?

Ah ! comme la neige a neigé !
Ma vitre[1] est un jardin de givre[2].
Ah ! comme la neige a neigé !
Qu'est-ce que le spasme de vivre
A la douleur[3] que j'ai, que j'ai !

Tous les étangs gisent[4] gelés,
Mon âme[5] est noire : Où vis-je ? où vais-je ?
Tous ses espoirs[6] gisent gelés :
Je suis la nouvelle Norvège
D'où les blonds ciels s'en sont allés.

Pleurez, oiseaux de février,
Au sinistre frisson[7] des choses,
Pleurez, oiseaux de février,
Pleurez mes pleurs, pleurez mes roses,
Aux branches du genévrier[8].

Ah ! comme la neige a neigé !
Ma vitre est un jardin de givre.
Ah ! comme la neige a neigé !
Qu'est-ce que le spasme de vivre
A tout l'ennui[9] que j'ai, que j'ai !...

1 window pane   **2** frost   **3** pain, grief   **4** lie   **5** soul   **6** hopes   **7** shiver   **8** juniper   **9** weariness

Après la lecture
Activités

As-tu compris?

1. En hiver, la vitre est...
   a. givrée.   **b.** sale.   **c.** claire.

2. Les espoirs du poète sont...
   a. grands.   **b.** morts.   **c.** vivants.

3. Quand les blonds ciels s'en vont, tout est...
   a. blanc.   **b.** bleu.   **c.** noir.

4. Pour le poète, la nature en hiver est comme sa vie...
   a. ennuyeuse.   **b.** pleine d'espoirs.   **c.** un jardin de roses.

D'accord ou pas?

Lis les phrases suivantes et dis si tu es d'accord ou pas.
Justifie ta réponse.

1. Quand il neige, le poète est heureux.

2. Le poète s'ennuie en hiver.

3. Tous les espoirs du poète sont morts.

4. Les oiseaux chantent en février.

5. Le poète évoque un paysage d'hiver le matin.

Composition

1. Dans ce poème, Nelligan associe le paysage d'hiver à son mal de vivre.
   Trouve les mots qui suggèrent la tristesse du poète.

2. Le poème de Nelligan s'appelle *Soir d'hiver*. A toi d'écrire un poème qui va
   s'intituler *Soir d'été*. Utilise le vocabulaire ci-dessous pour t'aider.
   - été
   - soleil
   - chaleur
   - jeune

Avant la lecture
Québec, province francophone

Activités

A

Vrai ou faux? Qu'est-ce que tu sais de la province de Québec? Est-ce que ces phrases sont vraies ou fausses?

	Vrai	Faux
1. La province de Québec se trouve à l'est du Canada.		
2. Les Anglais ont été les premiers à coloniser le Québec.		
3. Montréal est la capitale de la province de Québec.		
4. Montréal est la plus grande ville francophone au monde.		
5. Jacques Cartier a découvert le Saint-Laurent.		

Vérifie tes réponses en lisant l'article suivant sur la province de Québec.

B

La nature au Québec Quelles images évoquent pour toi le Québec en hiver? Est-ce la neige, les fleuves gelés, les randonnées en motoneige? A ton avis, quels sont les sports les plus pratiqués au Québec en hiver? Est-ce que tu peux nommer et décrire deux sports que l'on pratique au Canada en hiver et qui ne sont pas très connus ailleurs[1]?

....

1 elsewhere

Québec, province francophone

Au nord des Etats-Unis, entre l'océan Atlantique et l'océan Pacifique, se trouve un grand pays, le Canada. La province de Québec, à l'est du Canada, est francophone.

Québec vient du mot indien « kebek » qui veut dire « là où le fleuve est étroit[1] ». Ce fleuve, c'est le Saint-Laurent ; il traverse le sud du Québec, des Grands Lacs à l'océan Atlantique.

C'est un explorateur français, Jacques Cartier, qui découvre le Saint-Laurent en 1534. Cartier est un navigateur breton qui a été envoyé par le roi de France pour trouver une nouvelle route vers la Chine. Après Cartier, de nombreux Français viennent explorer et coloniser ces nouveaux territoires qu'on appelle « la Nouvelle France ». La vie en Nouvelle France est difficile : le climat est rude[2] et l'hiver est long. Pourtant, les colons français sont décidés à rester et en 1663, la Nouvelle France s'étend sur une grande partie de l'Amérique du Nord.

A cette époque, les Anglais, installés en Virginie et en Caroline, explorent la rivière Hudson et les territoires du nord. En 1689, c'est le début d'une série de guerres[3] entre la France et l'Angleterre. Ces guerres se terminent en 1763 par la victoire des Anglais.

Toutefois, la domination britannique ne change rien. La Nouvelle France existe depuis deux cents ans. Ses habitants gardent les coutumes[4] auxquelles ils sont attachés et la langue à laquelle ils sont habitués. Ils sont fiers[5] d'être d'origine française et c'est pourquoi, aujourd'hui encore, la province de Québec est francophone.

Pendant la lecture

A. D'où vient le nom de Québec?

B. Qui est Jacques Cartier?

C. Comment s'appellent les nouveaux territoires que les Français viennent coloniser?

D. Qui est-ce qui a gagné la guerre?

1 narrow **2** rough **3** wars **4** customs **5** proud

Québec et Montréal

Pendant la lecture

E. Quelle est la capitale du Québec?

F. Qu'est-ce qui donne à Québec le charme d'une ville européenne?

G. Est-ce que Montréal est une ville importante? Pourquoi?

H. Où se trouve le parc de la Chute-Montmorency?

I. Quelle sont les activités que l'on peut pratiquer dans le parc?

Fondée par Champlain en 1608, la ville de Québec est la plus ancienne capitale au nord du Rio Grande. C'est un port important et un grand centre de tourisme. Le Château Frontenac, un hôtel de luxe domine la ville. Les remparts[1], les maisons de pierres et les rues pavées[2] donnent à Québec le charme d'une ville européenne.

Montréal est situé à 250 kilomètres au sud de Québec, au bord du Saint-Laurent. C'est le plus grand centre commercial et financier du Québec. C'est aussi la plus grande ville de langue française après Paris.

A visiter dans la région de Québec

Voici quelques endroits à ne pas manquer lorsqu'on visite la région de Québec.

Le parc de la Chute-Montmorency

est situé à une dizaine de kilomètres du centre-ville de Québec. C'est un parc magnifique. On y trouve la chute Montmorency, d'une hauteur de 83 mètres, ainsi que des hôtels et des restaurants.

Le parc de la Jacques-Cartier

est à environ 20 minutes de Québec dans un endroit montagneux où l'on peut pratiquer beaucoup d'activités de plein air, comme par exemple les randonnées, le canotage, l'équitation, la pêche, le rafting, le golf, et bien sûr le ski et la motoneige. Ce parc est parfait pour ceux qui aiment la nature.

1 city walls **2** paved

Après la lecture
Activités

1 Trouve la paire

Complète les phrases de la première colonne avec celles de la deuxième colonne.

1. Le Saint-Laurent est...
2. Cartier est...
3. Cartier cherchait...
4. Une série de guerres a commencé...
5. Les guerres se sont terminées...
6. Champlain est...
7. Les gens de la Nouvelle France sont...
8. La vie en Nouvelle France est...

a. fiers d'être d'origine française.
b. difficile parce que le climat est rude.
c. un fleuve qui traverse le sud du Québec.
d. en 1763.
e. l'homme qui a fondé la ville de Québec.
f. une nouvelle route pour aller en Chine.
g. l'explorateur qui a découvert le Saint-Laurent.
h. en 1689.

2 Bon voyage!

Annette part en vacances dans la province de Québec. Elle s'est renseignée dans une agence de voyages. A ton avis, qu'est-ce que l'agent de voyages lui a répondu?

1. Où est-ce que je peux me loger[1]?
   a. Vous pouvez vous loger dans la rue du Trésor.
   b. Vous pouvez vous loger au Château Frontenac.
   c. Vous pouvez vous loger dans le parc de la Jacques-Cartier.

2. Qu'est-ce qu'il y a à voir dans le parc de la Chute-Montmorency ?
   a. Il y a une très belle chute d'eau.
   b. Il y a des maisons de pierres et des rues pavées.
   c. Il y a le Château Frontenac.

3. Qu'est-ce qu'on peut faire dans le parc de la Jacques-Cartier?
   a. On peut voir des chutes d'eau et dormir dans un hôtel.
   b. On peut faire du canotage et d'autres activités de plein air.
   c. On peut se promener et voir les créations des artistes locaux.

---

1 stay

3 Vive les vacances!

Tu vas en vacances dans la province du Québec. Parmi les sites qui te sont proposés, tu as choisi trois endroits que tu voudrais visiter. Explique ton choix.

Le Château Frontenac

Montréal

le parc de la Chute-Montmorency

la ville de Québec

le parc de la Jacques-Cartier

1. Je voudrais visiter _____ parce que...

2. Je voudrais visiter _____ parce que...

3. Je voudrais visiter _____ parce que...

Un peu plus...

Note culturelle

L'observation des baleines au Québec Les baleines reviennent chaque été dans l'estuaire et le golfe du Saint-Laurent. Quand les rives du Saint-Laurent sont libres de glaces, les baleines se rapprochent des côtes; on trouve des belugas dans le Jacquenay, des rorquals bleus le long de la côte nord, des petits rorquals à Sept-Iles et des grands rorquals dans la baie de Gaspé. Pourquoi est-ce qu'on trouve autant de baleines dans l'estuaire du Saint-Laurent? Pourquoi est-ce que c'est là un des rares endroits au monde où l'on peut observer le rorqual bleu près des côtes?

Le rorqual bleu, plus connu sous le nom de baleine bleue, est l'animal le plus gros au monde. Il mesure plus de 25 mètres de long et pèse plus de 100 tonnes. Pour se nourrir, il doit manger chaque jour deux à quatre tonnes de krill[*].

Le golfe et l'estuaire du Saint-Laurent produisent une quantité suffisante de plancton pour nourrir ces baleines. C'est pourquoi on peut observer ces baleines dans l'estuaire et le golfe du Saint-Laurent.

1 Un voyage au Québec

Pour fêter la fin de l'année scolaire, tu vas passer, avec toute ta classe, quelques jours à Québec. Pour organiser ce voyage, vous vous mettez par petits groupes de trois ou quatre et chaque groupe prépare une activité : visite de la ville, visite des parcs, découverte des animaux, croisière dans l'estuaire du Saint-Laurent pour voir les baleines… sans oublier l'intendance (réservation d'hôtel, ravitaillement, restaurant, camping, etc.). Chaque groupe présente à la classe les activités qu'il propose.

2 Proverbe

Les voyages forment la jeunesse.

....

[*] petits crustacés des mers arctiques

Glossaire

Réponses

Références

Glossaire

abandonner *to abandon*

absolument *absolutely, quite*

accompagner *to go with*

l' accord (m.) *agreement*

accueillir *to greet*

achever *to finish*

l' activité (f.)

  volcan en activité *active volcano*

l' adjectif (m.) *adjective*

admirable

  cela est admirable *that is surprising*

l' admiration (f.) *admiration*

admis (inf. admettre) *admitted, shown into*

affamé(e) *famished, starving*

l' affiche (f.)

  n'a pas quitté l'affiche *poster did not come off*

afficher *to post*

affreux *horrible*

s' agir

  il s'agit *it is a matter*

  dont il s'agit *in question*

l' agonie (f.) *agony*

aider *to help*

ailleurs *somewhere else*

aimer *to like, to love*

l' air (m.)

  avoir l'air *to look like*

à l' aise *easily*

ajouter *to add*

alentour *all around*

alimentaire *food*

l' Allemagne *Germany*

aller *to go*

  allez-vous-en *go away*

s' allonger *to lay down*

allumer *to light*

alors *then*

amaigri *emaciated*

l' amateur (m.) de *lover of*

  grand amateur de *very fond of*

l' âme (f.) *soul*

l' amélioration (f.) *improvement*

améliorer *to improve*

l' amitié (f.) *friendship*

l' amour (m.) *love*

amoureux(-euse) *in love*

s' amuser *to have fun*

l' an (m.) *year*

analphabète *illiterate*

l' analyse (f.) *analysis*

l' ananas (m.) *pineapple*

anglais(e) *English*

l' angoisse (f.) *anguish*

animer *to lead*

annexer *to annex*

l' anniversaire (m.) *birthday*

s' apaiser *to calm down*

apercevoir *to see; to catch sight of; to notice*

appartenir *to belong*

appeler *to call*

s' appesantir *to weigh down*

apporter *to bring*

apprécié

  fort apprécié *well liked, appreciated*

apprécier *to appraise, to assess*

apprendre *to learn*

appris (inf. apprendre) *learned*

apprivoiser *to tame*

s' approcher *to go near, to come near, to approach*

appuyer *to press; to lean against, to rest against*

apte à *capable of*

l' arbre (m.) *tree*

l' arc-en-ciel (m.) *rainbow*

l' armée (f.) *army*

arriver *to arrive, to reach; to happen*

arroser *to water, to drench, to soak*

l' artisan (m.) *craftsman, artisan*

s' asseoir *to sit down*

assez *enough; rather*

assis (inf. asseoir) *seated*

attaché(e) *attached*

attendant (inf. attendre) *waiting for*

attendre *to wait*

attentif(-ive) *attentive*

l' aube (f.) *dawn*

aucun(e) *no, not any*

l' audience (f.) *interview, hearing*

aujourd'hui *today*

auprès de *with*

aussi *also*

  aussi… que *as…as*

autant de *as much, as many as*

l' **auteur (m.)** *author*

autour de *around*

autre *other*

avant *before*

avec *with*

l' **aventure (f.)** *adventure*

l' **avion (m.)** *airplane*

l' **avis (m.)** *opinion*

aviser *to study the case*

la **bagarre** *fight*

la **bagatelle** *small thing, trinket*

le **bal** *dance*

se **balancer** *to swing*

le **balcon** *balcony*

la **baleine** *whale*

le **bananier** *banana tree*

le **banc** *bench*

bancal(e) *rickety*

la **bande dessinée** *comic strip*

la **banlieue** *suburbs*

le **baobab** *baobab*

le **barde** *bard*

bas(-se) *low*

baser *to base on*

la **bataille** *battle*

le **bateau**

  sujet bateau *common place*

le **bâtiment** *building*

bâtir *to build*

battre *to beat*

le **bébé** *baby*

belle *good looking, beautiful*

la **belle-mère** *stepmother, mother-in-law*

la **belle-sœur** *stepsister, sister-in-law*

bénéficier *to enjoy*

la **bête** *idiot, animal*

la **biche** *doe*

bien *well*

  bien de chez nous *our typical local…*

bientôt *soon*

le **biscuit** *biscuit*

bizarre *strange, odd*

blanc/blanche *white*

blanchir *to whiten*

le **blé** *wheat*

bleu(e) *blue*

blond(e) *fair*

boire *to drink*

le **bois** *wood*

la **boisson** *drink*

la **boîte** *box*

le **bol** *bowl*

bon(ne) *good; well*

bond

  d'un bond *in one leap*

le **bonheur** *happiness*

le **bonnet** *bonnet, hat*

le **bonsoir** *goodbye*

la **bonté** *kindness*

le **bord** *edge, side, shore*

la **bordure** *edge*

borgne *blind in one eye*

la **boucle** *lock*

la **boucle d'oreille** *earring*

boucler *to curl*

bouillir *to boil*

le **bouillon** *broth*

la **boulette** *meatball*

bouleverser *to upset*

bourdonner *to hum*

la **bouteille** *bottle*

le **bracelet** *bracelet*

le **bras** *arm*

le **brassage** *mixing*

la **brasserie** *bar, brasserie*

brièvement *briefly, concisely*

briller *to shine*

briser *to break*

la **brousse** *brush*

le **bruit** *noise*

la **brume** *fog*

la **bruyère** *heather*

le **bureau** *desk; office*

le **but** *purpose*

ça *that*

le **cabinet** *cabinet, study*

caché(e) *hidden*

se **cacher** *to hide*

le **cactus** *cactus*

le **cadeau** *gift*

la **calèche** *carriage*

le **camarade** *pal, friend*

la **campagne** *countryside*

le **canal** *canal*

le **canard** *duck*

le **canotage** *boating, rowing*

la **capacité** *ability*

le **captif** *captive*

car *because, for*

la **carte** *map*

cas
   en tout cas *anyway, at any rate, at any case*
la **case** *hut*
   casser *to break*
la **cassonade** *brown sugar*
la **catastrophe** *disaster, catastrophe*
la **cave** *cellar*
   célèbre *famous*
   célibataire *single*
   celtique *Celtic*
le **centre** *center*
le **cèpe** *cep (type of edible mushroom)*
la **cerise** *cherry*
   certain(e) *some*
   certainement *most probably, most likely, surely, certainly*
le **cerveau** *brain*
   chacun *each one*
le **chagrin** *sorrow*
la **chaire** *pulpit*
la **chaise** *chair*
la **chambre** *bedroom*
le **champ** *field*
le **changement** *change*
la **chanson** *song*
le **chant** *song*
   chanter *to sing*
la **chapelle** *chapel*
   chaque *each*
la **chasse** *hunting*
le **chat** *cat*
le **château** *castle*
   chaud(e) *hot*
la **chaussure** *shoe*
le **chef** *chief*
le **chemin** *path, lane*

cher(-ère) *dear*
chercher *to look for*
   aller chercher *to go and pick up*
les **cheveux** *hair*
chez *at (home)*
chinois(e) *Chinese*
choisir *to choose*
le **choix** *choice*
la **chose** *thing*
   autre chose *something else*
la **chute** *fall*
ci-dessous *below*
ci-dessus *above*
le **ciel** *sky*
le **cirage** *shoe polish*
le **circuit** *tour, trip*
clair *clear*
classer *to classify*
la **clef** *key*
le **clocher** *church tower*
le **cocotier** *coconut tree*
le **cœur** *heart*
   les maux de cœur *heart pain*
coi *silent*
le **coin** *corner*
le **col** *collar*
   le col bleu *blue collar*
   le col roulé *turtle neck (sweater)*
la **colère** *anger*
   en colère *angry*
la **colique** *stomach pain*
la **collation** *light meal*
   coller *to glue*
le **collier** *necklace*
le **colon** *settler*
la **colonie** *colony*

coloniser *to colonize, to settle*
comme *like, as; since*
commencer *to begin, to start*
comment *how*
la **compagnie** *company*
compagnon *companion*
comparer *to compare*
le **complet** *suit*
compléter *to complete*
compliqué *complicated*
le **comportement** *behavior*
comprendre *to understand*
le **compte** *count*
compter
   ce qui compte *the main thing*
   tu te rends compte *do you realize what it means*
conclure *to conclude*
le **concombre** *cucumber*
concorder *to coincide*
se **confesser** *to go to confession*
la **confiance** *confidence*
confier *to entrust*
confier *to entrust*
confortable *comfortable*
confus(e) *confused*
conjuguer *to conjugate*
la **connaissance** *knowledge*
connaître *to know*
connu (inf. connaître) *known*
le **conseil** *counsel*
conserver *to keep*
le **consommateur** *consumer*
consterné(e) *overwhelmed*

le **conte** *tale, fairy tale*

contempler *to contemplate*

content(e) *pleased, glad, happy*

se **contenter de** *to content oneself with*

le **contexte** *context*

le **contraire** *opposite, contrary*

contraster *to contrast*

contre *against*

le **copain** *friend, pal, buddy*

corrompu(e) *corrupt*

la **côte** *coast*

le **côté** *side*

à **côté de** *next to, beside*

se **coucher** *to lie down, to go to bed*

couler *to run, to flow*

la **couleur** *color*

le **couloir** *hall*

le **coup** *blow*

coupable *guilty*

courageux(-euse) *courageous, brave*

courante *running*

courber *to bend*

courir *to run*

le **courrier** *mail*

les **courses** *shopping*

faire les courses *to do the shopping*

court(e) *short*

courut (inf. courir) *ran*

les **coutumes** *customs*

la **craie** *chalk*

craindre *to fear*

craquer *to creak*

le **crayon** *pencil*

créer *to create*

la **crêperie** *pancake restaurant*

crever *to put out*

le **cri** *scream, cry, shout*

crier *to shout, to cry (out)*

croire *to believe, to think*

croiser *to fold*

la **croisière** *cruise*

croustillant(e) *crusty*

cueillir *to pick (flowers), to pick up*

cuire *to cook*

la **cuisine** *kitchen; cooking*

culinaire *culinary*

cultiver *to cultivate*

la **curiosité** *curiosity*

dangereux(-euse) *dangerous*

dans *in; inside*

la **date** *date*

debout

je restais debout *I remained standing up*

décevoir *to disappoint*

décider *to decide*

déconcerter *to confound*

le **décor** *scenery*

découvert(e) *discovered*

la **découverte** *discovery*

découvrir *to discover*

décrire *to describe*

décrocher *to catch*

déçu (inf. décevoir) *disappointed*

dédaigner *to despise*

déduire *to infer*

le **défaut** *defect, fault*

se **défendre** *to protect oneself*

défier *to defy*

définir *to define*

la **défluxion** *swelling, inflammation*

dégarnir *to draw away, to drain*

dégoûter *to disgust*

dégoûter le malade de son médecin *make the patient tired of his doctor*

se **déguiser** *to disguise oneself*

dehors *outside*

déjà *already*

le **déjeuner** *lunch*

le petit déjeuner *breakfast*

délicatement *gently*

demain *tomorrow*

demander *to ask*

se **demander** *to wonder*

démanteler *to break up*

la **demeure** *residence*

demeurer *to remain*

une **demi-heure** *half an hour*

se **démoder** *to go out of fashion*

la **dent** *tooth*

dépasser *to pass, to go past*

le **déplacement** *shifting*

dépliant publicitaire *publicity leaflet*

depuis *since; from*

dernier(-ère) *last*

dérober *to steal*

se **dérouler** *to take place*

dès *from*

désapprobateur
disapproving

le **descendant** *descendant*

descendre *to go down*

le **désert** *desert*

se **désespérer** *to despair*

le **désespoir** *despair*

le **dessert** *dessert*

le **destin** *destiny*

destiné(e) *intended*

détruire *to destroy*

détruit(e) *destroyed*

le **deuil** *mourning, grief*

deuxième *second*

devant *in front of, before*

devenir *to become*

devient (inf. devenir)
becomes

deviner *to guess*

le **devoir** *duty; homework*

le **diable** *devil*

la **difficulté** *difficulty*

digne de *worthy of*

dimanche *Sunday*

dire *to say*

disait (inf. dire) *told*

la **discrimination**
discrimination

discuter *to discuss*

disparaître *to disappear*

la **disparition**
disappearance

disposer *to have (at one's disposal)*

distiller *to distil*

distinguer *to distinguish*

se **diversifier** *to vary*

divorcer *to divorce*

dominer *to dominate, to rule*

le **don** *gift*

donc *therefore, thus, so*

donner *to give*

donner congé *to give the day off*

dont *whose, of which*

doré(e) *gilt, gilded; golden*

le **dortoir** *dormitory*

le **dos** *back*

le **dossier** *file, case*

la **dot** *dowry*

double *double*

doucement *slowly*

la **douleur** *pain, grief*

douloureux *painful*

le **doute** *doubt*

dresser *to set up, to lay*

le **droit** *right*

la **droite** *right (side)*

à droite *on the right side*

drôle *funny*

un **drôle de bruit** *strange noise*

le **druide** *druid*

la **dune** *dune*

dur(e) *hard*

la **durée** *length*

durer *to last*

l' **eau (f.)** *water*

écarteler *to tear apart*

échapper *to escape*

éclater *to blow up, to burst*

l' **école (f.)** *school*

l' **écolier(-ère)** *student*

écouter *to listen*

s' **écrier** *to exclaim*

écrire *to write*

l' **écrivain (m.)** *writer*

l' **effroi (m.)** *terror, fear*

l' **égal(e)** *equal*

égal(e) *equal*

c'est égal *all the same*

également *also*

l' **église (f.)** *church*

l' **élève** *student*

élever *to raise*

l' **éloignement (m.)**
separation, distance, estrangement

l' **émancipation (f.)**
liberation, emancipation

émancipatrice *liberating*

embrasser *to kiss*

s' **embrouiller** *to become confused*

émerger *to emerge*

émigrer *to emigrate*

s' **émouvoir** *to be moved, to be disturbed*

empêcher *to prevent*

emporter *to take away (with you); to take, to carry*

s' **émut (inf. s'émouvoir)**
was moved

encenser *to incense*

encore *yet; again; even; still*

encourager *to encourage*

l' **encre (f.)** *ink*

endiablé(e) *wild, boisterous*

s' **endormir** *to fall asleep*

l' **endroit (m.)** *place*
  à l'endroit de (à l'égard de) *regarding, with regard to*
l' **enfant (m.)** *child*
  enfin *at last, finally*
  mais enfin *but*
s' **enfuir** *to run away, to flee*
  enneigé *snow covered*
l' **ennemi(e)** *enemy*
l' **ennui (m.)** *boredom, weariness*
  ennuyeux(-euse) *boring*
  énorme *huge*
l' **enquête (f.)** *inquiry, investigation*
  enrober *to wrap up*
  enrubanner *to tie up with a ribbon*
  enseigner *to teach*
  ensemble *together*
  ensuite *then*
  entendre *to hear*
  entendu *heard*
   bien entendu *of course*
  entonner *to start*
  entourer *to surround*
  entraîner *to lead to*
  entre *between; among*
   un d'entre eux *one among them*
l' **entrée (f.)** *entry, entrance*
  entrer *to go in, to get in, to enter*
  entretenir *to maintain*
  envahir *to invade*
l' **envahisseur (m.)** *invader*
  envelopper *to wrap*
l' **envie (f.)** *desire*
   avoir envie *to want, to desire, to crave*

  environ *approximately*
  envoyer *to send*
  épaissir *to thicken*
l' **épanouissement (m.)** *blooming, blossoming*
  éphémère *ephemeral, short-lived*
l' **épine (f.)** *thorn*
  épique *epic*
l' **époque (f.)** *time*
l' **époux(-ouse)** *spouse*
  éprouver *to feel, to experience*
l' **équitation (f.)** *horse-riding*
l' **escalier (m.)** *stair*
l' **esclave (m.)** *slave*
l' **espace (m.)** *space*
l' **espérance (f.)** *hope*
  espérer *to hope*
l' **espoir (m.)** *hope*
l' **esprit (m.)** *mind*
l' **essai (m.)** *testing*
   essai de vol *flight trials*
  essayer *to try*
l' **estomac (m.)** *stomach*
l' **estuaire (m.)** *estuary*
l' **étage (m.)** *floor, story*
   monter à l'étage *to go upstairs*
l' **étang (m.)** *pond*
l' **étape (f.)** *stop*
l' **état (m.)**
   livreur de son état *delivery man by trade*
l' **été (m.)** *summer*
  éteint (inf. éteindre)
   volcan éteint *volcano extinct*
s' **étendre** *to stretch out*

  éternel(le) *eternal, everlasting*
l' **ethnie (f.)** *ethnic group*
l' **étoile (f.)** *star*
  étonné(e) *astonished*
l' **étonnement (m.)** *surprise*
  étouffer *to choke*
  étrange *strange*
  étranger(-ère) *foreign*
  étroit(e) *narrow*
  éveiller *to awaken*
s' **éveiller** *to awake*
l' **événement (m.)** *event, occurrence*
  éviter *to avoid*
  évoquer *to recall, to evoke*
  exciter *to excite*
l' **exemple (m.)** *example*
  exiger *to demand, to require*
l' **exil (m.)** *exile*
  exister *to exist*
l' **explication (f.)** *explanation*
l' **explication de texte** *critical analysis*
  expliquer *to explain*
l' **explorateur (m.)**
  exploratrice (f.) *explorer*
  explorer *to explore*
  expressément *expressly*
l' **extrait (m.)** *extract*

  fabriquer *to make*
  face
   en face de *in front of*
   faire face *to face*

face à face *face to face*
facile *easy*
la **façon**
  de toute façon *in any case, at any rate, anyway*
faim *hunger*
  avoir faim *to be hungry*
le **fait** *fact*
fallu
  ce qu'il aurait fallu faire *what should have been done*
familier(-ère) *familiar*
la **famille** *family*
le **fantôme** *ghost*
le **faste** *splendor*
fatigué(e) *tired*
le **fatras** *jumble*
la **faute** *mistake*
faux(fausse) *false*
le **faux-fuyant** *confusion*
la **femme** *woman, wife*
la **fenêtre** *window*
  fenêtre ogivée *vaulted window*
fermer *to close*
  fermer à clé *to lock*
la **fête** *feast*
fêter *to celebrate*
la **fève** *broad bean*
février *February*
fier(-ière) *proud*
fièrement *proudly*
la **fièvre** *fever*
la **fièvre pourprée** *eruptive fever*
la **fiévrotte** *light fever*
le **fil des jours** *the passing days, as the days go by*

les **filatures** *spinning mill*
la **fille** *girl, daughter*
le **fils** *son*
la **fin** *end*
finir *to finish*
fit (inf. faire) *did; took*
fixé *fixed, focused*
fixement
  regarder fixement *to stare, to look intently*
flâner *to stroll; to hang around*
la **fleur** *flower*
  être en fleur *to bloom*
le **fleuve** *river*
le **flot** *wave*
la **foi** *faith*
le **foie** *liver*
fois *time*
  à la fois *at the same time*
  il était une fois *once upon a time*
  une fois *once*
folklorique *folk*
le **fond** *far end*
au **fond** *at the other end*
  fonder *to found, to start, to establish*
le **forçat** *convict*
la **force** *strength*
la **forêt** *forest*
  forger *to forge*
fort *strong; loud*
la **fougue** *passion, ardor*
fournir *to supply*
frapper *to knock*
le **frère** *brother*
fricassé(e) *cut up and fried*

le **frisson** *shiver*
le **fromage** *cheese*
la **frontière** *frontier*
fructifier *to bear fruit*
fructueux(-euse) *advantageous*
frustré(e) *frustrated*
frustrer *to frustrate*
le **fugitif(-ive)** *fugitive*
la **fuite** *flight*
  en fuite *on the run*
fumant(e) *smoky*
fut (inf. être) *was*
  il s'en fut *he went away*

gai(e) *happy*
la **galerie** *gallery*
le **garçon** *boy*
garder *to keep*
gauche *left*
la **Gaule** *Gaul*
gaulois *Gallic*
se **gaver** *to stuff oneself*
gelé(e) *frozen*
le **gendre** *son-in-law*
se **gêner** *to restrain from*
le **genévrier** *juniper*
génial(e) *great, fantastic, brilliant*
le **génie** *spirit*
le **genou (pl. genoux)** *knee*
le **genre** *kind, type, sort*
les **gens** *people*
gentil(-le) *nice, kind*
le **géographe** *geographer*
la **géographie** *geography*

le **gigot** *leg of lamb*

gisent *lay*

le **givre** *frost*

la **glace** *mirror; ice*

glacé(e) *frozen*

la **glissade** *slide*

glisser (dans l'oreille) *to whisper*

la **gloire** *glory*

le **golf** *gulf*

le **goût** *taste*

goûter *to taste*

le **goûter** *snack*

la **goutte** *drop*

grâce à *thanks to*

la **grammaire** *grammar*

grand(e) *tall; wide; great*

la **grandeur** *greatness; size*

la **grand-mère** *grandmother*

grêlc (voix) *shrill*

le **grenier** *attic*

le **grillon** *cricket*

grimper *to climb (up)*

grimper quatre à quatre *to rush up the stairs four at a time*

grisant(e) *exhilarating*

la **griserie** *excitement*

gronder *to scold*

gros(-se) *fat, big*

le **gruau** *oatmeal*

guère *hardly*

guérir *to cure*

la **guerre** *war*

le **guerrier** *warrior*

le **gui** *mistletoe*

l' **habitant (m.)** *inhabitant*

l' **habitation (f.)** *dwelling*

habiter *to live*

l' **habitude (f.)** *habit*

comme d'habitude *as usual*

haché(e) *ground*

harassé(e) *exhausted*

le **haricot** *bean*

hasard

au hasard *aimlessly*

par hasard *by chance; just so happened*

haut(e) *loud, high*

le haut des arbres *the top of the trees*

la **hauteur** *height*

l' **herbe (f.)** *grass; herb*

l' **héritage (m.)** *inheritance*

héroïque *heroic*

le **héros** *hero*

l' **hésitation (f.)** *hesitation*

l' **heure (f.)** *time*

heureux(-euse) *happy*

l' **hippopotame (m.)** *hippopotamus*

l' **histoire (f.)** *history; story*

l' **homme (m.)** *man*

l' **honneur (m.)** *honor*

l' **horloge (f.)** *clock*

hors *outside, out of, away from*

l' **hospitalité (f.)** *hospitality*

le **houx** *holly*

l' **humilité (f.)** *humility*

l' **hydropisie (f.)** *edema*

ici *here*

l' **idée (f.)** *idea*

idée principale *main idea*

l' **identité (f.)** *identity*

illustre *illustrious, renowned*

l' **image (f.)** *image*

imaginer *to imagine*

l' **immeuble (m.)** *building*

impeccablement *perfectly*

n' **importe quoi** *anything*

tu racontes n'importe quoi *you don't know what you're talking about*

incommoder *to bother, to disturb*

inconnu(e) *unknown*

indéchiffrable *incomprehensible*

l' **index (m.)** *forefinger, index finger*

l' **infâme (m.)** *disgusting*

l' **inférence (f.)** *inference*

infiniment *infinite numbers of*

l' **influence (f.)** *influence*

influencer *to influence*

initier *to initiate*

innommable *horrible*

inoubliable *unforgettable*

l' **inséparable (m.)** *inseparable*

inspirer *to inspire*
s' **installer** *to settle down*
l' **instituteur(-trice)** *teacher*
instruit(e) *educated*
l' **insulte (f.)** *insult*
l' **intelligence (f.)**
intelligence, mind
l'intelligence vive *quick mind*
l' **intendance (f.)** *supply management, administration*
intéressant(e) *interesting*
intéresser *to interest*
intérieur
à l'intérieur *inside*
interroger *to question, to ask*
interrompre *to interrupt*
s' **intituler** *to be entitled, called*
l' **intrépide (m.)** *intrepid, bold*
introduire *to introduce, to be shown into*
l' **intrus (m.)** *intruder*
chercher l'intrus *find the odd one out*
irrationnel(-le) *irrational*
irréductible *invincible*
l' **ivoire (m.)** *ivory*
l' **ivrogne (m.)** *drunk*

la **jacinthe** *hyacinth*
jadis *in time past*
jamais *never*

le **jambon** *ham*
le **jardin** *garden, yard*
jeter *to throw*
jeudi *Thursday*
jeune *young*
la **jeunesse** *youth*
la **joie** *joy*
joli(e) *pretty*
le **jour** *day*
le **journal** *newspaper*
le **journaliste** *journalist*
journalistique *journalistic*
la **journée** *day*
joyeux(-euse) *happy*
juché(e) *perched*
le **jus** *juice; gravy*
jusqu'à
jusqu'à la dernière goutte *to the last drop*
juste
au juste *exactly*
justement *exactly, precisely*

kaki *khaki*

là *there*
le **lac** *lake*
lâcher *to loosen*
là-dedans *in there*
la **lagune** *lagoon*
laisser *to leave, to let*

le **lait** *milk*
la **laitue** *lettuce*
langoureux *languorous*
la **langue** *language*
le **lard** *bacon*
las(-se) *weary*
la **lassitude** *weariness*
la **leçon** *lesson*
la **lecture** *reading*
la **légende** *legend; caption*
léguer *to pass on, to hand down*
le **lendemain** *the next day*
lent(e) *slow*
la **lettre** *letter*
lever *to raise*
se **lever** *to stand up, to get up*
la **liaison** *link*
libérer *to free*
le **lieu** *place*
au lieu de *instead of*
la **lieue** *league*
la **ligne** *line*
limiter les dégâts *to stop things from being worse*
lire *to read*
le **lit** *bed*
la **littérature** *literature*
le **livre** *book*
le livre de cuisine *cookbook*
livrer *to deliver*
livrer à domicile *to deliver at home*
le **livreur** *delivery man*
la **loi** *law*
loin *far*
longtemps *(for) a long time*

il y a longtemps *a long time ago*

plus longtemps *longer*

le **loup** *wolf*

lourd(e) *heavy*

la **lucarne** *skylight, dormer window*

lyrique *lyric*

la **main** *hand*

à main gauche *on your left hand*

maintenant *now*

la **mairie** *town hall*

mais *but*

la **maison** *house*

le **maître** *teacher; master*

majestueux *majestic*

majeur(e) *main*

mal *bad; badly; ache*

mal aux dents *toothache*

le **malade** *sick person; patient*

le **malade imaginaire** *hypochondriac*

malgré *in spite of, despite*

le **malheur** *misfortune*

malin (m.) *smart, cunning*

manchot *one-armed*

manger *to eat*

manquer *to lack; to miss*

le **manteau** *coat*

marcher *to walk*

mardi *Tuesday*

la **marée** *tide*

se **marier** *to get married*

mariner *to marinade, to marinate*

le **marron** *chestnut*

le **mât** *pole*

mater *to tame*

la **matière** *matter, material*

le **matin** *morning*

maudit *darn*

mauvais(e) *bad*

le **méchant** *the wicked, the bad guy*

le **médecin** *physician*

le **médicament** *medication*

meilleur(e) *best*

mêler *to mix*

le **membre** *limb*

même *same*

même si *even if*

quand même *all the same*

la **mémoire** *memory*

menaçant(e) *threatening*

menacer *to threaten*

mener *to lead*

mener l'enquête *to investigate*

le **menhir** *menhir, standing stone*

mentionner *to mention*

mentir *to lie*

la **mer** *sea*

au bord de la mer *at the seaside*

le **mercenaire** *mercenary*

mercredi *Wednesday*

la **mère** *mother*

les **merveilles (f.pl.)** *wonders*

le **merveilleux** *fantastic*

la **messe** *mass*

mettre *to put, to set*

se mettre à *to start*

meurt (inf. mourir) *dies*

midi *noon*

le **mien** *mine*

mieux *better; best*

la **migraine** *headache*

le **milieu** *environment, circle*

minuit *midnight*

miraculeux(-euse) *miraculous*

le **misérable** *scoundrel*

la **mission** *mission, assignment*

se **mit à (inf. se mettre à)** *started*

le **modèle** *model*

les **mœurs (f.pl.)** *morals, customs*

moi-même *myself*

moins *less*

le **moment** *time*

le **monde** *world*

mondial(e) *of the world*

première mondiale *world première*

la **montagne** *mountain*

monter *to go upstairs; to raise*

montrer *to show*

la **moralité** *morality*

le **morceau** *piece*

mort *dead*

la **mort** *death*

le **mot** *word; note*

la **motoneige** *snow-bike*

mourut (inf. mourir) *died*

moyen(-ne) *medium*

muet(-te) *silent*
mugissait (inf. mugir) *roared*
le **mur** *wall*
mûr(e) *mature, old*
la **mûre** *blackberry*
le **mûrissement** *maturing*
musclé(e) *brawny*
mystérieux(-euse) *mysterious*

le **nain** *dwarf*
naître *to be born*
nanti(e) *rich*
les **nantis (m.)** *well-to-do*
le **narrateur** *narrator*
naturel(le) *natural*
ne... plus *not anymore*
ne... que *only*
négliger *to neglect*
nerveux(-euse) *nervous*
le **nid** *nest*
noir *black*
le **nom** *name; noun*
nombreux(-euse) *numerous*
nommer *to name*
la **note** *note*
notre *our*
nouer *to establish, to tie*
le **nounours** *teddy bear*
nourrir *to feed*
la **nourriture** *food*
nouveau(m.); nouvel(m.); nouvelle(f.); nouveaux(pl.) *new*
le **nuage** *cloud*

la **nuit** *night*
nulle part *nowhere*
le **numéro** *number*

observer *to observe, to watch*
s' **obstiner** *to insist*
obtenir *to get, to obtain*
l' **océan (m.)** *ocean*
l' **œil (m.)** *eye*
jeter un coup d'œil *to glance*
l' **œuf (m.)** *egg*
l' **œuvre (f.)** *works*
l' **ogre (m.)** *ogre*
ombrageux(-euse) *suspicious*
l' **ombre (f.)** *shade, shadow*
l' **oncle (m.)** *uncle*
l' **onde (f.)** *wave*
l' **opinion (f.)** *opinion*
opposer *to bring into conflict*
or *whereas, when in fact; now; thus*
l' **or (m.)** *gold*
l' **orange (f.)** *orange*
ordonner *to prescribe*
l' **ordre (m.)** *order*
orphelin(e) *orphan*
l' **orthographe (f.)** *spelling*
oser *to dare*
où *where*
oublier *to forget*
l' **oubliette (f.)** *dungeon*
l' **ours (m.)** *bear*
ouvert(e) *open*

ouvertement *openly*
ouvrir *to open*

le **pagne** *grass skirt*
la **paillote** *straw hut*
paisible *peaceful*
la **paix** *peace*
pâle *pale*
le **palmier** *palm tree*
le **panier** *basket*
paraître *to seem, to appear*
parallèlement *at the same time*
parce que *because*
pardon
je vous demande pardon *I beg your pardon, excuse me*
pardonner *to forgive*
pareil *similar*
parfait(e) *perfect*
parfois *sometimes*
le **parfum** *perfume*
parler *to talk*
parmi *among*
la **parole** *word*
partager *to divide; to share*
le **participe** *participle*
partir *to leave; to go*
à partir de *from*
partout *everywhere*
paru (inf. paraître) *seemed*
le **pas** *step*
le **passager** *passenger*

se **passer** *to take place*
passer *to spend; to go by*
la **pâte** *pastry, dough*
le **pâté** *pâté*
la **patience** *patience*
la **patrie** *homeland*
le **patrimoine** *inheritance, patrimony*
la **patte** *leg; paw*
pauvre *poor*
pavé(e) *paved*
le **pavillon** *suburban single-family house*
le **pays** *country*
la **pêche** *fishing*
pêcher *to go fishing*
à **peine** *hardly*
la **peine** *sorrow*
péjoratif(-ive) *pejorative*
penaud(e) *sheepish*
pendant *during*
se **pendre** *to hang oneself*
la **pensée** *thought*
penser *to think*
la **pénurie** *shortage*
se **perdit (inf. se perdre)** *got lost*
se **perdre** *to get lost*
perdu (inf. perdre) *lost*
le **père** *father*
périlleux(-euse) *perilous*
permettre *to allow*
la **persienne** *shutter*
le **personnage** *character, individual*
la **personne** *person*
personne *anybody, nobody*
persuader *to persuade*
la **peste** *plague*
petit(e) *small*

peu *little*
peu à peu *gradually, little by little*
le **peuple** *people, nation*
peuplé(e) *populated, inhabited*
la **peur** *fear*
peut-être *maybe*
la **phrase** *sentence*
la **pièce** *room*
la **pierre** *stone*
le **piment** *pepper*
le **pionnier** *pioneer*
la **piscine** *swimming pool*
la **place** *location*
se **placer** *to take up a position*
la **plage** *beach*
plain-pied *(built) at street-level*
plaire *to like*
le **plaisir** *pleasure*
plaît
    s'il vous plaît *please*
le **plancton** *plankton*
le **plat** *dish*
    un plat salé-sucré *sweet and sour dish*
plat(e) *flat*
le **plâtre** *plaster, cast*
plein(e) *full*
pleurer *to cry*
    en pleurs *in tears*
pleuvoir *to rain*
plu (inf. plaire) *liked enjoyed*
la **pluie** *rain*
la **plupart** *most*
plus *more*
plutôt *rather*
pointer *to point*

le **pois** *pea*
la **poitrine** *chest*
la **pomme** *apple*
le **pont** *bridge*
populaire *popular*
la **porte** *door*
    le pas de porte *threshold*
porter *to carry*
poser *to put down, to lay down; to place*
    poser une question *to ask a question*
postal(e) *mail*
le **pot** *pot, jar*
le **potage** *soup*
la **potion** *potion*
le **poulet** *chicken*
le **pouls** *pulse*
le **poumon** *lung*
pourprée *crimson*
pourquoi *why*
poursuivi (inf. poursuivre) *chased*
pourtant *yet, nevertheless*
pourvu que *provided that, as long as*
pouvait (inf. pouvoir) *could*
précaire *precarious*
la **préciosité** *affectation*
préféré(e) *favorite*
le **premier** *first*
premier(-ère) *first*
prendre *to take*
préparer *to make, to prepare*
près *near*
    tout près *very near, close by*
à **présent** *now*

presque *almost*

pressé(e)

  cela n'est pas pressé *it is not urgent; I am not in a hurry*

prêt(e) *ready*

prétendre *to pretend*

la **preuve** *proof*

prier

  je vous prie *I beg you, I urge you*

la **prière** *prayer*

la **prison** *jail*

prit (inf. prendre) *took*

prochain(e) *next*

prodigue *prodigy*

le **profit**

  tirer profit *to take advantage*

  profiter *to take advantage of*

profond *deep*

la **promenade** *walk, ride*

se **promener** *to go for a walk*

promettre *to promise*

promouvoir *to promote*

propre *own*

la **prose** *prose*

prosterné(e) *prostrated, bowed*

prouver *to prove*

provenir *to be the result of*

la **province** *province*

le **pruneau** *prune*

publier *to publish*

puis (inf. pouvoir) *can*

punir *to punish*

la **punition** *punishment*

pur *pure*

  vin pur *undiluted wine*

put (inf. pouvoir) *could*

quel(le) *which, what*

quelque(s) *some, a few*

quelqu'un *someone, somebody*

ce **qui** *what(subj.)*

quitter *to leave*

  me ferait beaucoup de peine à quitter *I'd be sorry to leave behind*

racial (pl. raciaux) *racial*

raconter *to tell, to say*

raffiné(e) *refined, polished, sophisticated*

le **ragoût** *meat stew*

le **raisin** *grape*

ramasser *to pick up*

ramener *to bring back*

la **randonnée** *ride, walk, drive, hike*

ranger *to tidy up; to store*

rapide *fast*

rapidement *quickly*

rappeler *to call back*

  rappeler quelqu'un à l'ordre *to call somebody to order*

le **rapport** *relationship*

rapporter *to bring*

se **rapprocher** *to get closer, nearer*

rassembler *to gather*

la **rate** *spleen*

le **ravitaillement** *re-supplying*

réagir *to react*

la **recette** *recipe*

la **recherche** *research*

rechercher *to look for*

le **récit** *story, account*

réciter *to recite*

reçoit (inf. recevoir) *receives*

reconnaître *to recognize*

le **recrutement** *recruiting*

le **recueil** *anthology, collection, book*

la **rédaction** *essay*

réduit(e) *reduced*

réfléchir *to think*

la **réflexion** *thought, reflection*

refroidir *to cool down*

le **regard** *glance, gaze, look*

regarder *to look at, to look through*

la **région** *region, area*

le **registre** *register*

la **règle** *ruler; rule*

le **regret** *regret*

la **reine** *queen*

rejeter *to reject*

relever *to restore; to increase*

relier *to link (up)*

le **remède** *remedy, cure*

remercier *to thank*

remettre *to put back, to replace*

le **rempart** *city walls*
remplacer *to replace*
rempli(e) *full*
rencontrer *to meet*
le **rendez-vous** *appointment, date*
se **rendormir** *to go back to sleep*
rendre
  rend la vie difficile à quelqu'un *make the life of someone difficult*
renforcer *to reinforce*
le **reniement** *betrayal*
renoncer *to renounce*
le **renseignement** *information*
rentrer *to go back in, to come back*
le **repas** *meal*
le **repère** *landmark*
répéter *to repeat*
répondre *to answer*
la **réponse** *answer*
se **reposer** *to rest*
reprit (inf. reprendre)
  il reprit courage *he regained courage*
le **reproche** *reproach*
reprocher *to blame, to reproach*
la **réserve** *reserve*
résister *to resist*
respecter *to respect*
la **respiration** *breathing*
respirer *to breath*
ressembler *to look like*
se **ressembler** *to look alike*
rester *to remain, to stay*

en **retard** *late*
retentir *to ring out, to echo*
retomber *to land*
retourner *to return, to go back*
retracer *to relate, recount*
retrouver *to find…again*
se **retrouver** *to find oneself back; to end up*
la **réussite** *success*
le **rêve** *dream*
se **réveiller** *to wake up*
revenir *to come back*
rêver *to dream*
revient
  ça revient au même *it comes to the same thing*
revivre *to live again*
revoyons (inf. revoir) *let's see again*
la **richesse** *wealth*
rien *nothing*
rigoler *to laugh (familiar)*
rimer *to rime*
la **rive** *shore, bank*
le **riz** *rice*
la **robe** *dress*
le **rocher** *rock*
le **roi** *king*
le **Romain** *Roman*
romain(e) *Roman*
le **roman** *novel*
le **roman policier** *detective novel*
la **rôtie** *slice of toast*
roux (rousse) *red-haired, auburn*
le **royaume** *kingdom*
la **ruche d'abeilles** *beehive*
rude *rough*

le **sac** *bag*
sache (inf. savoir)
  sans que je sache *without knowing*
sait (inf. savoir) *knows*
la **salade** *salad*
salé(e) *salty*
la **salle** *room*
samedi *Saturday*
le **sang** *blood*
le **sang subtil** *diluted blood*
le **sanglier** *wild boar*
sans *without*
la **sauce** *sauce; dressing*
  sauce savante *elaborate sauce*
sauter *to jump*
sauver *to save*
la **savane** *savanna*
le **savant** *scientist, scholar*
savoir *to know*
le **savoir** *knowledge*
sécher *to dry*
au **secours** *help*
selon *according to, depending on*
sembler *to seem*
le **sens** *meaning*
le **sentier** *path*
le **sentiment** *feeling*
sentir *to feel*
sept *seven*
serait (inf. être)
  on se serait cru *one would have believed*
la **servante** *maid*

seul(e) *alone*

  un(e) seul(e) *only one*

seulement *only*

si *so*

le siècle *century*

signaler *to indicate*

le signe *sign, gesture*

signer *to sign*

la signification *meaning*

signifier *to mean*

silencieux(-euse) *quiet*

la similitude *similarity*

sixième *sixth*

la sœur *sister*

soigner *to look after, to nurse*

le soir *evening, night*

la soirée *evening*

le soleil *sun*

le sommeil *sleep, sleepiness*

songer *to dream, to think over, to consider*

sonner *to ring*

le sorcier *sorcerer*

sorte

  toutes sortes de *all kinds of*

sortir *to go out, to leave*

soudain *sudden, suddenly*

souffler *to blow; to rest*

la souffrance *suffering*

soumis (inf. soumettre) *subjected*

la soupe *soup*

le souper *supper*

souper *to have supper*

sous *under*

se souvenir *to remember*

le souvenir *memory, recollection*

souvent *often*

souvienne

  faut-il qu'il m'en souvienne *must I remember them*

souviens (inf. souvenir)

  je m'en souviens *I remember it*

la spécialité *specialty*

la strophe *verse*

subtil *thin*

le sud *south*

suffisant(e) *sufficient*

suite

  par la suite *afterwards*

suivant(e) *following*

suivi (inf. suivre) *followed*

suivre *to follow*

sur *on*

sûr(e) *certain, sure*

sûrement *certainly*

surgelé(e) *frozen*

surhumain(e) *superhuman*

surpris(e) *surprised*

surtout *above all*

la syntaxe *syntax*

table *table*

  se mettre à table *to sit down at the table, to sit down to eat*

le tableau *blackboard*

le tabou *taboo*

la tâche *task, duty*

tailler *to sharpen*

le taillis *shrub*

le talent *talent*

tandis que *while; whereas*

tant *so much*

tant pis *too bad*

tant... que *as long as*

la tante *aunt*

tantôt *sometimes*

le tapis *carpet*

tard *late*

la télé *television*

le temps *time*

les ténèbres (f. pl.) *darkness*

tenir *to hold; to insist*

la terminaison *ending*

le terrain vague *waste land*

la terre *land, soil*

la tête *head*

le thé *tea*

le théâtre *theater*

le thème *theme*

timidement *shyly*

tirer *to draw, to pull*

le titre *title*

la tombe *grave, tomb*

tomber *to fall*

la tonne *ton*

tôt *early*

totalement *totally*

totaliser *to add up, to have a total of*

toucher *to touch*

toujours *always, still*

tour

  à mon tour *my turn*

  faire un tour dans le jardin *to take a walk in the yard*

tour à tour *alternately, in turn*

se **tourner vers** to turn
toward
la **tourtière** meat pie; also
the pan in which it is
made
tous every, all
tout(e) all; whole
tout à coup all of a
sudden, all at once,
suddenly
tout à l'heure a short
while ago, a moment
ago; in a little while
tout de suite
immediately, at once
tout près very near
le **trait** feature
tranquille quiet
tranquillement quietly
transformer to change, to
convert
le **transport** carrying
transporter to carry
travailler to work
le **travailleur** worker
à **travers** through
traverser to cross
trembler to shake
trempé
vin trempé wine diluted
with water
très very
la **tresse** braid
la **tribu** tribe
triste sad
la **tristesse** sadness
trois three
troisième third
la **trompette** trumpet
trop too, too much

se **trouver** to find oneself
la **truite** trout
typiquement typically

unis united
universel(-le) universal
les **us (m.)** customs
l' **ustensile (m.)** utensil
utile useful
utiliser to use

la **vague** wave
vague vague, indistinct
la **vaillance** courage, bravery
vaincre to defeat
a vaincu defeated
la **valeur** value
le **veau** veal
la **veille** the day before, eve
vendredi Friday
vénérable venerable,
ancient
venir to come
le **vent** wind
le **ventre** stomach
le **ver à soie** silk worm
le **ver luisant** glowworm
le **verbe** verb
véritable real
verrais (inf. voir) would
see
le **verre** glass

vers toward
le **vers** line
les **vêtements** clothes
la **viande** meat
vibrer to vibrate, to quiver
vide empty
vider to empty
la **vie** life
le **vieillard** old man
viens (inf. venir) come
vieux (m.), vieille (f.) old
le **village** village
la **ville** town, city
le **vin** wine
vinaigrer to season with
vinegar
la **visite** visit
visiter to visit
vit (inf. voir) saw
vite quick; quickly
le **vitrail (vitraux)** stained
glass(es)
la **vitre** panel
vitré(e)
porte vitrée glass door
Vive la France! Long Live
France!
vivre to live
le **vocabulaire** vocabulary,
word list
la **voie** way, road
voilà there is, there are
le **voile** veil
la **voile** sail
voiler to hide
voir to see
la **voiture** car
la **voix** voice
le **vol** flight
la **volaille** poultry

le **volcan** *volcano*
voler *to fly*
le **voleur** *thief*
vont (inf. aller)
  s'en vont *go*
voulais
  je m'en voulais *I could
    kick myself*
vouloir *to want*
voulut (inf. vouloir) *to
    want*
le **voyage** *travel*
vrai *true*
vraiment *really*
vu *in view of*
la **vue** *sight*

les **yeux** *eyes*

la **zone** *area*

Réponses

Chapitre 1

Avant la lecture : Activités

Ⓐ Answers will vary.

Ⓑ Answers will vary.

Pendant la lecture : Quelques Gaulois

A. le 29 octobre 1959 **B.** plus de 30 albums **C.** Vitalstatistix **D.** à l'époque gauloise **E.** le sud de la Gaule (aujourd'hui la Provence) **F.** Astérix est petit, malin et intelligent. **G.** de la potion magique du druide Panoramix **H.** Il livre des menhirs. **I.** les sangliers et les bagarres **J.** la potion magique qui donne une force surhumaine au consommateur **K.** Il est innommable, mais c'est un compagnon fort apprécié. **L.** que le ciel lui tombe sur la tête

Après la lecture : Activités

❶ 1. c   2. d   3. a
   4. d   5. d   6. c

❷ 1. époque   2. malin   3. livreur
   4. cueillir   5. bataille

❸ a. 1. aventure 2. guerrier 3. malin 4. ciel
5. livreur 6. gui 7. bande 8. druide 9. village
10. sangliers 11. compagnon 12. missions
b. veni, vidi, vici
c. 1. je suis venu, j'ai vu, j'ai vaincu 2. I came, I saw, I conquered

❹ Answers will vary.

❺ Answers will vary.

Un peu plus…

❶ 1. Sociablix   2. Rigolix
   3. Travaillix   4. Timidix
   5. Gourmandix   6. Sévèrix

Chapitre 2

Avant la lecture : Activités

Ⓐ Goldilocks and the Three Bears

Ⓑ 1. aller   2. voir   3. décider
   4. trouver   5. s'écrier   6. s'asseoir

Pendant la lecture : Boucle d'Or et les trois ours

A. golden **B.** dans une petite maison près de la forêt **C.** des jacinthes bleues et blanches **D.** les offrir à sa maman **E.** Elle prend un chemin au hasard et tous les chemins se ressemblent. **F.** d'aller ramasser des mûres pour le dessert **G.** la maison de la famille Ours **H.** trois tables l'une à côté de l'autre, bien rangées **I.** Elle a très faim, la soupe sent bon et personne ne répond. **J.** à droite de l'entrée **K.** Elle est trop salée. **L.** la petite chaise **M.** trois **N.** le petit lit **O.** la petite chaise de Bébé Ours **P.** parce que sa chaise est cassée **Q.** dans le petit lit de Bébé Ours **R.** Elle saute hors du lit, descend les escaliers et va vers la porte. **S.** le petit chemin à droite parce que Bébé Ours lui a crié de prendre ce chemin

Après la lecture : Activités

❶ 1. c   2. a   3. a
   4. c   5. c   6. a

❷ 1. cueillir   2. se perd   3. en colère
   4. pleure   5. au fond   6. ranger

O U R S O N

❸ Answers will vary.

❹ Answers will vary.

Un peu plus…

   1. d   2. e   3. a   4. c   5. b

Chapitre 3

Avant la lecture : Activité

Answers will vary.

Pendant la lecture : Lettre à un Français qui veut émigrer au Québec

A. aller vivre dans un autre pays **B.** des Anglais et des Américains **C.** comme les Américains, dans leur jus **D.** des pâtés au poulet et de toutes les viandes hachées ou fricassées enrobées de pâte **E.** d'Angleterre qui a ramené ces spécialités de ses colonies; jambon à la cassonade ou à la sauce aux raisins, canard à l'orange, viande à l'ananas, salade où se mêlent riz, concombre, laitue, oranges et pommes **F.** le chow-chow. Non. **G.** le ragoût de boulettes et de pattes **H.** C'est une sorte de tarte de viande hachée. Son nom vient d'un ustensile de cuisine (la tourtière).

I. parce qu'ils ne savent pas comment au juste nommer les repas **J.** le déjeuner, le lunch ou le dîner **K.** non; En France le souper est très tard le soir. Au Canada, il peut être à n'importe quelle heure. **L.** « cette nuit je t'ai pris un maudit bon lunch »

Après la lecture : **Activités**

❶ 1. vrai 2. faux 3. vrai 4. vrai 5. vrai 6. faux

❷ 1. culinaires; Anglais; Américains 2. pâtés; hachées; croustillante 3. salés-sucrés 4. tourtière 5. déjeuner; lunch; dîner

❸ Answers may vary.
1. e 2. b 3. f 4. g 5. h 6. a 7. c 8. d

❹ 1. Answers will vary. 2. Beaucoup de Français ont émigré au Québec. 3. Answers will vary.

❺ Answers will vary.

Un peu plus…

1. Answers will vary.

Chapitre 4

Avant la lecture : **Activités**

Ⓐ 1. d   2. e   3. b
4. f   5. a   6. c

Ⓑ Answers will vary.

Pendant la lecture : **Le Petit Prince**

A. Il veut découvrir comment vivre et pourquoi. **B.** un vieux Monsieur qui écrit d'énormes livres **C.** un savant qui sait où se trouvent les mers, les fleuves, les villes, les montagnes et les déserts **D.** Il est trop important pour flâner. **E.** Il reçoit les explorateurs, les interroge et prend en note leurs souvenirs. **F.** Il en rapporte de grosses pierres. **G.** un crayon; pour écrire à l'encre, il attend que l'explorateur ait fourni des preuves. **H.** trois volcans et une fleur **I.** parce qu'elle est éphémère **J.** qui est menacé de disparition prochaine **K.** quatre épines **L.** La Terre. Elle a bonne réputation.

Après la lecture : **Activités**

❶ 1. le géographe 2. le petit prince 3. le petit prince 4. le géographe 5. le géographe 6. le petit prince

❷ 1. grande 2. bleu 3. africain 4. océans 5. fleuves 6. forêts tropicales 7. cocotiers 8. bananiers 9. déserts 10. volcans 11. montagnes

❸ 1. sixième 2. preuves 3. montagne 4. désert 5. jamais 6. ville 7. éphémère

La phrase secrète : je suis géographe dit le vieux monsieur

❹ Answers will vary.

Un peu plus…

❶ Answers will vary.

Chapitre 5

Avant la lecture : **Activités**

Ⓐ Answers will vary.

Ⓑ Answers will vary.

Pendant la lecture : **La Dernière Classe**

A. l'allemand **B.** Il sait à peine écrire. **C.** courir les nids ou faire des glissades **D.** Oui, car ce sont comme de vieux amis qu'il a de la peine à quitter. **E.** le maître d'école **F.** en l'honneur de la dernière classe **G.** la règle des participes **H.** Non, car il trouve qu'il est assez puni (maintenant, on ne va plus lui enseigner le français). **I.** des Allemands **J.** Ils allaient travailler à la terre ou aux filatures. **K.** d'arroser son jardin **L.** Pour lui, c'est la plus belle langue du monde, la plus claire, la plus solide. **M.** Il la trouve facile. **N.** l'horloge de l'église et les trompettes des Prussiens **O.** Il est très triste. **P.** Vive la France!

Après la lecture : **Activités**

❶ 1. c   2. c.   3. c   4. a   5. a

❷ 1. dernière 2. enseigner 3. punitions; coups de règle 4. travailler; école 5. participes

❸ Answers will vary.

❹ Answers will vary.

Avant la lecture : **Activité**

Answers will vary.

Pendant la lecture : **En pleine lucarne**

A. Mon professeur arrive de Paris. Je lui décris un lieu de la région, et je lui donne envie d'y aller. **B.** la maison de Monet à Giverny, le port d'Honfleur, ou l'Abbaye du Bec Hellouin **C.** Le nouveau professeur n'avait pas envie d'un dépliant publicitaire. **D.** une chapelle abandonnée **E.** des biches **F.** des journaux sportifs **G.** Oui, il a eu 13. **H.** Oui, et il a aussi trouvé des cèpes. **I.** Il veut mieux travailler en classe.

Après la lecture : **Activités**

❶ 1. faux 2. vrai 3. faux 4. faux 5. vrai

❷ 1. profond; biches 2. rédaction 3. confiance 4. secret 5. coins

❸ Answers will vary.

Un peu plus…

❶ 1. la guerre franco-prussienne 2. la France 3. la France 4. quatre mois 5. la France perd l'Alsace et une partie de la Lorraine

❷ 1. b 2. c 3. a

(Chapitre 6)

Avant la lecture : **Activité**

Answers will vary.

Pendant la lecture : **Un drôle de fantôme**

A. dans le château de leur oncle Alexis et de leur tante Clarisse **B.** l'oncle Alexis **C.** Simon, parce qu'il a entendu un fantôme. **D.** un bruit qui venait du troisième étage **E.** Peut-être que Tante Clarisse et Oncle Alexis avaient besoin de quelque chose dans le grenier. **F.** de demander à Tante Clarisse si quelqu'un est monté au grenier **G.** Quand est-ce qu'on va voir Oncle Alexis? **H.** le château de Monteminar **I.** Il inspecte le château. **J.** de Simon et des drôles de bruits qu'il a entendu **K.** Oncle Alexis **L.** Il a fait tout le tour du château et il est entré dans toutes les pièces sauf le grenier qui était fermé à clé. **M.** Il pense que son oncle est mort et que c'est son fantôme qu'on entend dans le grenier. **N.** d'aller chercher le lait et le fromage **O.** un petit mot qui dit : «quelque chose de terrible est arrivé. Au secours! Surtout, ne monte pas au grenier!» **P.** Il monte les escaliers sans faire de bruit et il ouvre doucement la porte du grenier. **Q.** Océane, Joachim, Tante Clarisse, Oncle Alexis et tous ses copains d'école. Pour fêter l'anniversaire de Simon. **R.** Il travaillait dans le grenier pour le transformer en salle de fête.

Après la lecture : **Activités**

❶ b, g, h, f, e, i, a, j, c, d

❷ 1. bureau 2. pièces 3. oubliettes 4. clé 5. mot, cuisine

❸ 1. parce qu'il avait du travail au château 2. parce qu'elle lui prépare une surprise 3. il lui dit qu'il doit plaisanter, que c'est une histoire de fou 4. pour éloigner Simon

❹ 1. Je passe les vacances d'été dans un grand château. 2. Tante Clarisse dit qu'il travaille beaucoup en ce moment. 3. J'étais dans ma chambre quand j'ai entendu un drôle de bruit. 4. Du grenier, tu te rends compte! 5. Tu sais, j'ai très peur des fantômes! 6. Il y a sûrement une explication logique. 7. Je ne trouve pas ça normal. 8. Tu peux compter sur moi.

❺ Il y a un fantôme qui se cache près du château. Suis sa piste. Rendez-vous au lac.

Un peu plus…

❶ Answers will vary.

(Chapitre 7)

Avant la lecture : **Activité**

Answers will vary.

Pendant la lecture : **Le Malade imaginaire**

A. Toinette est la servante d'Argan. Elle est déguisée en médecin. **B.** Elle lui dit qu'elle voulait le voir parce que c'est un patient illustre et que sa réputation est grande. **C.** 90 ans; un effet des secrets de son art **D.** c'est un beau jeune vieillard pour 90 ans **E.** pour chercher des maladies intéressantes et trouver des malades dignes de lui **F.** les maladies ordinaires comme les rhumatismes, les défluxions, les fiévrottes, les vapeurs, les migraines **G.** les maladies d'importance : les fièvres avec transports au cerveau, les fièvres pourprées, les pestes, les hydropisies, les pleurésies **H.** pour lui montrer l'excellence de ses remèdes **I.** Monsieur Purgon **J.** Il souffre du poumon. **K.** Il a des douleurs de tête, des maux de cœur, des douleurs dans le ventre, et parfois il a un voile devant les yeux. **L.** oui **M.** Monsieur Purgon ordonne au malade de manger de la volaille, du veau, des bouillons, des œufs frais, des pruneaux. **N.** Il pense que son médecin est ignorant. Il ordonne au malade de manger du bœuf, du porc, du fromage de Hollande, du gruau et du riz, des marrons et des oublies et de boire son vin pur. **O.** Son médecin est une bête. **P.** parce que ce bras attire à lui toute la nourriture et empêche l'autre côté de profiter **Q.** parce qu'il incommode l'autre et lui dérobe sa nourriture **R.** il le trouve fort habile **S.** non

Après la lecture : **Activités**

❶ 1. Non, Toinette n'est pas un médecin célèbre. Elle est la servante d'Argan et elle s'est déguisée en médecin. **2.** Non, il le regarde fixement parce qu'il lui semble jeune pour son âge. **3.** Non, il n'aime soigner que des maladies d'importance. **4.** Non, ce sont des maladies. **5.** Non, il s'appelle Monsieur Purgon. **6.** Oui

❷ 1. déguise; médecin; maître **2.** vieillard **3.** cœur; rate; poumons **4.** bras; œil; manchot; borgne

❸ 1. pour soigner son maître à sa manière et le dégoûter de son médecin**2.** parce qu'il la regarde fixement. Elle ne veut pas qu'il la reconnaisse et elle veut au contraire qu'il la prenne pour un médecin excellent et important **3.** pour le flatter et obtenir sa confiance **4.** pour faire comprendre à Argan que son médecin n'est pas un grand médecin **5.** parce qu'elle se moque d'Argan qui croit n'importe quoi si c'est un médecin qui le dit **6.** pour inquiéter Argan et le guérir des médecins **7.** pour renforcer l'effet produit par Toinette. **8.** parce qu'Argan ne va plus suivre tous les conseils des médecins en général, et il ne va plus faire confiance à son médecin, Monsieur Purgon, qui n'est pas un grand médecin connu.

❹ 1. Molière ridiculise le malade tout au long du texte. **2.** Answers will vary.

❺ Answers will vary.

Un peu plus…

❶ Answers will vary.

❷ 1. b **2.** d **3.** a **4.** c

Chapitre 8

Avant la lecture : **Activité**

Ⓐ 1. b **2.** a **3.** d **4.** c

Pendant la lecture : **La Légende Baoulé**

A. une des ethnies les plus importantes de la Côte d'Ivoire **B.** au bord d'une lagune calme **C.** Pokou **D.** parce que des ennemis sont arrivés, nombreux comme des vers à soie **E.** Ils sont partis dans la forêt et ils ont traversé les taillis les plus épais. **F.** Ils ont vu une hyène, un éléphant, un sanglier, un chimpanzé et

un lion. L'hyène a ricané, l'éléphant et le sanglier ont fui, le chimpanzé a grogné et le lion s'est écarté du chemin. **G.** au bord d'un grand fleuve **H.** Le fleuve est menaçant. Ils sont surpris parce qu'avant l'eau était leur plus grande amie. **I.** qu'un mauvais génie devait l'exciter contre eux **J.** L'eau est devenue mauvaise; elle ne s'apaisera que si nous lui donnons ce que nous avons de plus cher. **K.** ses bracelets d'or et d'ivoire, ses colliers les plus beaux, tout ce qu'il avait pu sauver. **L.** le jeune prince, un bébé de six mois **M.** D'énormes hippopotames ont émergé et se sont placés les uns à côté des autres pour former un pont. **N.** «baouli,» ce qui veut dire : l'enfant s'en est allé **O.** Baoulé

Après la lecture : **Activités**

❶ j, i, f, g, e, b, a, c, d, h

❷ 1. reine **2.** pont **3.** sorcier **4.** collier **5.** éléphant **6.** chimpanzé **7.** panier **8.** éléphant **9.** éléphant **10.** éléphant **11.** poivre **12.** collier **13.** sorcier

❸ Answers will vary.

❹ Answers will vary.

Avant la lecture : **Activité**

Ⓐ Answers will vary.

Pendant la lecture : **Tokô Waly**

A. l'oncle du narrateur **B.** la main de son oncle **C.** sur les herbes, sur les arbres **D.** la respiration de la Nuit

Après la lecture : **Activités**

❶ 1. te souviens **2.** dos **3.** guider **4.** champs **5.** abeilles; ruches

❷ la nature, les signes, la brousse, le tam-tam

❸ Answers will vary.

Un peu plus…

❶ Answers will vary.

Chapitre 9

Avant la lecture : **Activités**

Ⓐ Le texte n'a pas de ponctuation. C'est un poème. Answers will vary.

Ⓑ Answers will vary.

Pendant la lecture : **Le Pont Mirabeau**

A. la Seine **B.** de ses amours **C.** les jours; le poète
D. l'onde **E.** comme l'eau courante **F.** la vie est
lente **G.** l'espérance **H.** le temps passé et les
amours

Après la lecture : **Activités**

❶ 1. d 2. b 3. d 4. a

❷ 1. d 2. f 3. a 4. c 5. b 6. e

❸ 1. les amis 2. manger 3. parler 4. l'amour

❹ 1. ETERNEL 2. TEMPS 3. JOURS 4. SEMAINE
5. NUIT 6. HEURE 7. PASSE 8. COULE
9. SOUVIENNE 10. LENTE

❺ 1. **lente** rime avec **violente; l'heure** rime avec
demeure, passe rime avec **lasse, Seine** rime avec
souvienne, peine ou **reviennent.** 2. Answers will
vary.

Avant la lecture : **Activités**

Ⓐ 1. partir 2. marcher 3. regarder 4. mettre
5. arriver 6. aller

Ⓑ Answers will vary.

Pendant la lecture : **Demain, dès l'aube...**

A. demain, dès l'aube **B.** la forêt et la montagne
C. sans rien voir, les yeux fixés sur ses pensées **D.** l'or
du soir qui tombe ou les voiles au loin **E.** sur la tombe
de sa fille **F.** un bouquet de houx vert et de bruyère
en fleur **G.** non

Après la lecture : **Activités**

❶ 1. d'accord («Je») 2. pas d'accord («tu»)
3. pas d'accord («Je partirai») 4. pas d'accord
(«Je marcherai sans rien voir.») 5. pas d'accord
(«triste») 6. d'accord («je mettrai sur ta tombe»)

❷ 1. c 2. b 3. a 4. f 5. e 6. d

❸ Answers will vary.

Un peu plus...

❶ Answers will vary.

Chapitre 10

Avant la lecture : **Activités**

Ⓐ Answers will vary.

Ⓑ Answers will vary.

Pendant la lecture : **Une si longue lettre**

A. un destin hors du commun **B.** elle est de toutes
les couleurs : verte, rose, bleue, jaune, comme les
fleurs de la cour **C.** Oui **D.** parce qu'elles étaient
de véritables sœurs destinées à la même mission
émancipatrice **E.** sortir ces jeunes filles de
l'enlisement des traditions et des superstitions
F. parce que la directrice les a préparées à promouvoir
la femme noire **G.** un médecin que la mère voulait
qu'elle épouse; Oui. **H.** Non **I.** sans dot et sans faste
parce que ses parents n'approuvaient pas ce mariage

Après la lecture : **Activités**

❶ 1. b 2. d 3. d 4. a 5. b 6. a 7. b 8. c

❷ 1. h 2. f 3. e 4. g 5. a 6. c 7. b 8. d

❸ 1. b 2. c 3. d 4. b 5. d 6. c 7. a

❹ Answers will vary. Possible answers:
1. parce que toutes les élèves voulaient apprendre
2. parce que cette directrice les considérait sans
paternalisme et voulait pour ces filles un destin
hors du commun 3. Elle n'en veut pas. 4. la
liberté 5. Elle les refuse. Elle s'est mariée contre la
volonté de ses parents.

❺ Ce qui est différent : L'école de Caroline est mixte.
Dans l'école de Ramatoulaye, il n'y a que des filles.
Les murs de l'école de Caroline sont tous beiges.
Dans l'autre école ils sont de toutes les couleurs.
Il n'y a pas de dortoir dans l'école de Caroline.
Ce qui est semblable : dans les deux écoles, les
cours et les activités sont intéressants et elles ont
beaucoup d'amis.

❻ Answers will vary.

Un peu plus...

❶ Answers will vary.

Chapitre 11

Avant la lecture : **Activités**

Ⓐ Answers will vary.

Ⓑ Answers will vary.

Pendant la lecture : En musique

A. la musique africaine, sud-américaine, antillaise, anglaise et américaine **B.** les Beatles **C.** la musique «folk» celtique **D.** Oui, elle gagne en popularité avec MC Solaar. **E.** du jazz

Après la lecture : Activités

❶ **1.** Answers will vary. **2.** non, c'est un groupe de rock **3.** oui **4.** oui **5.** non, du rap **6.** non, c'est un auteur dit «à texte»

❷ **1.** yé-yé   **2.** émergence **3.** rock
4. La Mano Negra **5.** Niagara   **6.** raï

❸ Answers will vary.

Pendant la lecture : Le Plat Pays

A. la mer, les vagues, les dunes, les rochers, la brume, le vent **B.** avec des montagnes **C.** bas et gris; l'automne ou l'hiver **D.** il chante

Après la lecture : Activités

❶ **1.** a **2.** c **3.** b **4.** a **5.** c

❷ **1.** Answers will vary. **2.** La Belgique se trouve au nord de la France. On y parle français, flamand et allemand. La Belgique est un pays plat. **3.** Answers will vary.

❸ Answers will vary.

Pendant la lecture : Paris - Le Caire

A. Il ne sait pas pourquoi les hommes restent silencieux. **B.** plus de mal que de bien **C.** essayer de changer et marcher la main dans la main **D.** mille et une merveilles **E.** ils vont payer

Après la lecture : Activités

❶ **1.** b **2.** a **3.** a **4.** c

❷ **1.** merveilles, s'éveille, pareils, veille **2.** main, demain, orphelins, chagrin **3.** rien, bien **4.** coi, voix, pourquoi, loi

❸ Answers will vary.
❹ Answers will vary.

Un peu plus…

❶ **1.** Georges Bizet, opéra, Carmen **2.** MC Solaar, rap, Qui sème le vent… **3.** Téléphone, rock,

Cendrillon **4.** Cheb Mami, raï, Le Raï c'est chic **5.** Edith Piaf, variété française, La vie en rose

Chapitre 12

Avant la lecture : Activité

Answers will vary.

Pendant la lecture : Soir d'hiver

A. Elle est pleine de givre parce qu'il fait très froid et qu'il a neigé. **B.** Il est déprimé : il parle de la douleur de vivre. **C.** Les étangs sont gelés. **D.** Son âme est noire car il est désespéré.

Après la lecture : Activités

❶ **1.** a **2.** b **3.** c **4.** a

❷ **1.** Non, il parle de la douleur de vivre. **2.** Oui. **3.** Oui, ils gisent gelés. **4.** Non, ils pleurent. **5.** Non, c'est un soir d'hiver.

❸ Answers will vary.

Avant la lecture : Activités

Ⓐ **1.** vrai **2.** faux **3.** faux **4.** faux **5.** vrai
Ⓑ Answers will vary.

Pendant la lecture : Québec, province francophone

A. du mot indien «kebek» **B.** un explorateur français **C.** la Nouvelle France **D.** les Anglais **E.** Québec **F.** les remparts, les maisons de pierre et les rues pavées **G.** Oui, c'est le plus grand centre commercial et financier du Québec. **H.** à une dizaine de kilomètres de Québec **I.** des randonnées, du canotage, de l'équitation, de la pêche, du rafting, du golf, du ski et de la motoneige

Après la lecture : Activités

❶ **1.** c **2.** g **3.** f **4.** h **5.** d **6.** e **7.** a **8.** b
❷ **1.** b **2.** a **3.** b
❸ Answers will vary.

Un peu plus…

❶ Answers will vary.

Références

Illustrations

Abbreviated as follows: (t) top, (b) bottom, (l) left, (r) right, (c) center. All art, unless otherwise noted, by Holt, Rinehart & Winston.

Table des Matières Page iv (tr), Scott Pollack; iv (bl), Scott Pollack; v (tr), Jeff Moores; v (br), Jeff Moores; vi (t), Charles Peale; vi (bl), Edson Campos; vii (tr), Scott Pollock.

Chapitre 1: Page 8, Ortelius Design. **Chapitre 2:** Page 10, Scott Pollack; 11, Scott Pollack; 13, Scott Pollack; 14, Scott Pollack; 16, Jeff Moores. **Chapitre 3:** Page 17, Scott Pollack; 18, Scott Pollack; 19, Scott Pollack; 20, Fian Arroyo; 24, Jeff Moores. **Chapitre 4:** Page 25, Charles Peale ; 30, Charles Peale; 32, Jeff Moores. **Chapitre 5:** Page 33, Charles Peale; 35, Charles Peale; 37, Charles Peale; 44, Fian Arroyo. **Chapitre 6:** Page 45, Fian Arroyo; 46, Jeff Moores; 47, Jeff Moores; 49, Jeff Moores; 53, Fian Arroyo; 54 (t), Ortelius Design; 54 (b), Jeff Moores. **Chapitre 7:** Page 55, Gilles-Marie Baur; 57, Charles Peale; 59, Charles Peale. **Chapitre 8:** Page 66, Edson Campos; 67, Edson Campos; 68, Edson Campos. **Chapitre 9:** Page 80, Charles Peale. **Chapitre 10:** Page 85, Edson Campos; 86, Edson Campos; 87, Edson Campos; 90, Edson Campos. **Chapitre 11:** Page 98, Jessica Wolk-Stanley. **Chapitre 12:** Page 99, Scott Pollack.

Photographies

Abbreviations used: (t) top, (c) center, (b) bottom, (l) left, (r) right, (bckgd) background. **Table des Matières:** iv (b), HRW Photo/Victoria Smith; v, (c) Photographers Consortium/eStock Photo; vi, Archive Photos; vii (t), © Ulrike Welsch/Stock Boston; (bl), © Corbis Sygma; (br), J. A. Kraulis/Masterfile;

Chapitre 1: 6, The Granger Collection, New York; **Chapitre 2:** 15, Pictor Uniphoto; 16, (c) Simon Harris/eStock Photo; **Chapitre 3:** 18 (t), Courtesy Editions Boréal, © All rights reserved; (b), Editions du Jour; 23, HRW Photo/Victoria Smith; **Chapitre 4:** 26 (t), © Bettmann/ CORBIS; (b), Harcourt, Inc.: From *Le Petit Prince* by Antoine de Saint-Exupéry. Copyright 1943 by Harcourt, Inc.; copyright renewed © 1971 by Consuelo de Saint-Exupéry; 32, Courtesy Association PG Latécoère. HRW Photo/Sam Dudgeon; **Chapitre 5:** 34, © Bettmann/CORBIS; 40, © Fougère Eric/CORBIS Sygma; 41, © Photographers Consortium/eStock Photo; **Chapitre 6:** 53, © Bettmann/CORBIS; **Chapitre 7:** 56, © Stefano Bianchetti/CORBIS; 63 (all), Classic PIO Partners; 64, HRW Photo/Marty Granger/Edge Productions; **Chapitre 8:** 65, HRW Photo/Louis Boireau; 66, Présence Africaine Editions; 71, Gastaud/SIPA Press; 72, Les Nouvelles Editions Africaines du Sénégal; 73, © Bassouls Sophie/CORBIS Sygma; **Chapitre 9:** 75, Courtesy Professor Laurence Campa; 76, Verlag C.H. Beck; 79, Archive Photos; 82, Joan Marcus/Photofest; **Chapitre 10:** 83, © Ulrike Welsch/Stock Boston; 84, George Hallett, courtesy Heinemann Educational Publishers; **Chapitre 11:** 91, © Guibbaud/Alamo/Corbis Sygma; 92, Allen/Liaison International; 94, AKG London/Daniel Frasnay; 95, SuperStock; 96, © Corbis Sygma; **Chapitre 12:** 100, Collection Nelligan-Corbeil, courtesy MM. Maurice, Guy, Lionel Corbeil et Mme Marielle Corbeil Saint-Pierre. Editions Fides; 102 (l), © Joe Viesti/Viesti Collection, Inc.; (r), © Pascal Quitemelle/Stock Boston; 103, © Winston Fraser; 104 (both), HRW Photo/Marty Granger/Edge Productions; 106, J. A. Kraulis/Masterfile; 107, © Amos Nachoum/Corbis Stock Market.